Agosto 2, 2018

Jeff:

Espero te puedas reflejado
en muchas de estas historias.
Disfruta estas líneas y
recuerda que no importa
lo difícil que parezca,
Siempre se puede.

El hierro que forjó a la dama Rayp

El hierro
que forjó
a la dama

Darys Estrella

K 2017
ediciones

Cuidado de edición y diseño: José M. Fernández Pequeño
Realización de cubierta: K ediciones

Primera edición: 2017

ISBN-10: 1981189750
ISBN-13: 978-1981189755

K
ediciones
Miami, Fl.
kedicionesk@gmail.com

Índice

PREÁMBULO:

El hierro y la dama / 13

CAPÍTULO I:

No hay poder como el de las raíces / 19

Mi padre / 19

Mi madre / 25

CAPÍTULO II:

Bajo la advocación de la D / 33

San José de Ocoa / 33

Hacia Santo Domingo / 40

CAPÍTULO III:

En la Gran Manzana está el punto cero / 57

LaGuardia Community College / 57

Vassar College / 67

CAPÍTULO IV:

Cuando los caminos conducen a Wall Street / 77

CAPÍTULO V:

Si la felicidad traza otros planes / 93

La llegada del primogénito: Yan Diego / 97

La felicidad extrema sus límites: Maya Isabel / 100

Capítulo VI:

El sueño respeta a quien se atreve / 111

En Goldman Sachs / 118

Capítulo VII:

Si es tercero, también se llama felicidad / 129

No aguanto más / 131

Capítulo VIII:

El Santo Domingo que siempre estuvo / 141

Cinco años en la BVRD / 145

Galardones y reconocimientos / 151

Capítulo IX:

Ser uno mismo, eso es coraje / 161

Capítulo X:

Lecciones aprendidas: Mis 12 mandamientos / 177

Epílogo:

De hierro, sí, pero... / 189

A mis hijos Yan Diego, Maya Isabel y Javier Alberto,
motores de mi inspiración cada día.

●

A mis padres, Ivelisse y Alberto, por los valores
inculcados, por haberme guiado correctamente, por
hacerme ver siempre cuánto era yo capaz de lograr.

●

A Andy, quien por muchos años me brindó su amor y
apoyo incondicional, empujándome a dar siempre lo
mejor de mí.

●

A mi hermana Larissa Dorianny. Ella, en su continua lucha
contra el cáncer, me enseñó lo que significa realmente
ser valiente y agradecer por las tantas bendiciones
recibidas.

El papel de la mujer en su vida y para la sociedad está viendo cambios drásticos para la expansión y empoderamiento, lo que le permite alcanzar puestos de relevancia global sin perder aquello que la hace digna y el mayor de los milagros humanos: ser mujer. En nuestro continente de fuego, se dan casos referenciales de toda esa evolución hacia una región que tiene mucho que decir y mucho que aportar al mundo que nos atañe. Darys Estrella es uno de los ejemplos más trascedentes de la superación latinoamericana, alguien que deja huella del espíritu dominicano en el mundo, conquista espacios en un universo tradicionalmente dominado por los hombres, enaltece a través de los mejores valores el esfuerzo, el trabajo y la perseverancia que como latinos nos representan y supera el desafío colectivo más importante que como naciones nos toca aún resolver como deuda moral con las futuras generaciones: la pobreza. Darys nos lleva por una historia que hace historia desde las facetas más íntimas de una mujer que convierte su relato en una posibilidad tangible y emocionante para quien lo lee, comparte y aplica las lecciones de vida que aquí se encuentran.

MAICKEL MELAMED

El hierro y la dama

Tuve que esperar bastante. Cuando la asistente por fin me indicó que podía entrar, toqué suavemente con los nudillos y empujé la puerta. De no ser por la computadora y la impresora, la habitación pudo haber sido la de cualquier oficina en cualquier universidad del siglo pasado: Estantes repletos de libros tapiaban tres de las cuatro paredes, y junto a la cuarta, había una pequeña mesa con cuatro sillas y absolutamente nada colocado encima. Aparte de esto, el buró denunciaba que su dueño era una persona meticulosa. Me extrañó que las paredes solamente ostentaran obras de arte: Ni una foto familiar, ni un diploma.

El rector se levantó y vino hacia mí con la mano derecha extendida, que oprimió la mía suavemente. Si bien lo había visto en persona solo unas pocas veces, conocía su trayectoria lo suficiente como para no dejarme confundir por su delicadeza: Era un guerrero que había sobrevivido a mil batallas. Me acompañó hasta el asiento y luego dio la vuelta al buró para ocupar su sillón.

—Sepa que, tanto yo como mi equipo de trabajo, estamos muy contentos de que la hayan propuesto para integrar el Consejo de Directores de la universidad –tomó un fólder que tenía a su derecha, y de este, el currículo presentado por mí dos semanas antes–. Debo hacer una

fundamentación de la propuesta para la reunión que tendremos el próximo viernes y, si me permite, deseo hacerle algunas preguntas sobre su trayectoria, esencialmente
sobre su vínculo con el mundo universitario. ¿De acuerdo?

Asentí. El resumen curricular que tenía en sus manos
era este:

Darys Estrella se graduó con una licenciatura de
Vassar College, en Nueva York, y un MBA de la
Universidad de Michigan (The Stephen Ross School
of Business).

Se mudó a la República Dominicana en 2007, luego
de haber trabajado cinco años en Goldman Sachs
& Co., en Nueva York, primero cuatro años como
vice-presidenta en el Departamento de Renta Fija y
Commodities, y luego un año en Recursos Humanos.

Igualmente, laboró ocho años en Deltec Asset
Management, también de Nueva York, como vice-
presidenta en la División de Mercados Emergentes,
con especialidad en América Latina.

Se desempeñó como la CEO/gerente general en la
Bolsa de Valores de la República Dominicana durante el período de abril de 2007 hasta abril de 2012.

A partir de mayo de ese último año, pasó a trabajar
como vice-presidenta de Sostenibilidad Empresarial
de INICIA, una administradora de activos en Santo
Domingo, República Dominicana, en la que perma-
neció hasta septiembre de 2017.

Actualmente es conferencista sobre una amplia
variedad de temas.

Ha cursado programas ejecutivos en las universidades de Harvard y Yale, de Estados Unidos; en la Universidad de Oxford, de Inglaterra; e INCAE, de Costa Rica.

Pertenece a varios Consejos de Directores, tanto en la República Dominicana, como en Estados Unidos y Brasil.

Ha recibido múltiples reconocimientos, entre los que destacan:

Joven Líder Global por el Foro Económico Mundial, única mujer dominicana privilegiada con este galardón (2008).

La mejor CEO de República Dominicana, seleccionada por la revista *European CEO* (2011).

Es una de cinco empresarias dominicanas que figuraron entre las cien más destacadas de Latinoamérica, según Latinvex (2013).

Escogida entre las diez personas más influyentes en la República Dominicana por la revista *Santo Domingo Times* (2011).

Incluida durante varios años consecutivos en la lista de Mujeres de Éxito y Poder, de acuerdo con la revista *Mercado*.

En la lista de los cuarenta CEOs más destacados en Latinoamérica, según la revista *Latin Trade*.

Condecorada en 2008 con la Medalla Presidencial por LaGuardia Community College de City University of New York (CUNY), el más alto mérito que otorga esa casa de estudios.

Su pasión es pasar tiempo con su familia, viajar, conocer lugares y personas, bailar y correr. Ha completado cinco maratones internacionales (42.2 km): Tres veces el de New York, una vez el de Chicago y otra el de Berlín.

Su mayor orgullo es su familia.

No fueron demasiadas las preguntas del rector pero sí precisas y pausadas. A cada respuesta mía (que intenté fueran también concisas y exactas), él se mesaba el bigote blanco, que probablemente ha usado durante toda su vida de adulto. Al final, sin mayor protocolo, se puso de pie y me tendió la mano, esta vez por sobre el buró. Ahora el apretón fue más firme, aunque breve. Di la espalda y emprendí el camino hacia la salida. Iba llegando a la puerta, cuando su voz sonó detrás de mí:

—Es usted una mujer de gran talento y ha sido muy afortunada de nacer en un medio social que le permitiera desarrollarlo.

Creo que sonreí, ahora no estoy muy segura. Allí de pie, le expliqué que había nacido en un campo dominicano y dentro de una familia muy pobre. Con la mayor suavidad que encontré, le hice un resumen de las estrecheces y vicisitudes que había pasado para estudiar en la República Dominicana y los Estados Unidos, de las muchas veces en que pareció que todos los caminos se cerraban delante de mí. Cuando hice silencio, él se masajeó otra vez el bigote blanquísimo, miró un momento algo que estaba sobre el buró y dijo por fin con una voz donde creí detectar un remoto punto de timidez:

—¿Sabe que algunos le llaman, como a Margaret Thatcher, La Dama de Hierro?

Reí abiertamente.

—Sí, claro.

Él me miró a los ojos. Fue la mirada coqueta de un hombre mayor y curtido en mil contiendas:

—Ahora sé por qué —y sonrió.

Días después, mientras la claridad comenzaba a insinuarse en el amanecer dominicano, detuve mi carrera en el Parque Mirador Sur y me quedé pensando en cuánta gente pensaría exactamente como el rector, que yo había nacido en cuna de oro. Y una cosa llevó a la otra. Me pregunté a cuántas personas que hoy luchan con denuedo contra la adversidad podría servirles mi verdadera historia de vida, las luchas libradas, los riesgos tomados, los miedos vividos, los obstáculos vencidos, las grandes victorias, los paradigmas que ha sido necesario destruir. Y entonces decidí escribir este libro.

Lo que cuento a continuación, ahora detalladamente, fue lo que expliqué en un muy breve resumen aquella tarde de Santo Domingo.

CAPÍTULO I

No hay poder como el de las raíces

Mi padre

Mi padre se llama Alberto Estrella, aunque este no es su nombre original. Nació en el paraje Los Tejada, sección Las Lagunas Abajo de Moca, provincia Espaillat (República Dominicana) en febrero de 1945. Para esa época, especialmente en las zonas rurales, se bautizaba al recién nacido con el nombre que el santoral católico asignaba al día, información que se podía encontrar en el *Calendario Bristol*.[1] Mi padre no fue muy afortunado, nació el día de San Estanislao y, peor aún, al momento de declararlo, por un error de la Oficialía Civil suprimieron la letra *s* de la primera sílaba, así que mi padre creció con el nombre de Etanislao, aunque todos le llamaban Alberto.

Fue mi padre el tercero entre catorce hijos, todos de padre y madre. Mi abuela, Laureana Ovalles Olivares, *Mamá Anita*, oriunda de Juan López, Moca; mi abuelo, Victoriano Estrella Camacho, *Papá Nano*, nacido en Las Lagunas. Como la mayoría de las familias campesinas de

---

1. El *Calendario Bristol* es una publicación de la empresa Lanman & Kemp-Barcalay & Co. Inc, de Nueva Jersey, EE.UU., para promocionar sus productos de jabonería y perfumería. Se publica continuamente desde 1831. Gozó de alta popularidad en muchos países de Latinoamérica, incluida la República Dominicana.

la época, esta era extremadamente pobre. No era dueña de tierras para sembrar y cosechar, y Papá Nano debía buscar el sustento de la familia trabajando por días en las fincas de otras personas. En algunas ocasiones conseguía tierra que ponía a producir y compartía las ganancias con el dueño de esta.

Un elemento que indica la pobreza general de la época era la vivienda de mis abuelos. Tenía dos habitaciones, una sala y un dormitorio. Los techos eran de paja y los pisos de tierra. Comida, lo que se dice una comida formal, no aparecía todos los días. Se alimentaban básicamente de víveres[2] (plátano, yuca, batata), que ellos mismos recogían si había cosecha. Trabajaban todo el día y al final de la jornada recibían el pago en especie, con los víveres que no eran apropiados para llevarlos al mercado, "las rabizas", como se llama a esos productos en los campos del Cibao.

Mi padre asistió a la escuela Los Tejada, en ese mismo paraje. Allí se ofrecía solo el primer y segundo curso. Finalizó su educación primaria en la escuela de Juan López Abajo, para lo cual debía recorrer a diario aproximadamente 10 kilómetros ida y vuelta desde la casa hasta la escuela y viceversa. Fueron muchas las ocasiones en que regresaba de la escuela y en la casa no había qué comer.

Otro dato significativo que evidencia la pobreza extrema en que vivía el país por esa época: Mi padre recuerda que estaba él ya grandecito cuando disfrutó la novedad del primer radio que llegó a su campo. Tenía 7 años de edad cuando llegó la televisión al país, aunque él tardaría mucho tiempo en poder disfrutarla. ¿Electricidad? No, no

---

2. Los víveres para los caribeños son los productos vegetales compuestos por almidones o carbohidratos y que sirven de guarnición a los pescados y las carnes.

la conoció para entonces, así que estudiaba auxiliándose de una lamparita de gas, mejor conocida en los campos del país como "jumiadora".

Su niñez y la de sus hermanos pasó mientras hacían labores propias de adultos, como desyerbar la tierra, recolectar café, etc. Tenían acceso a los juegos que ellos mismos se inventaban pues se las ingeniaban para fabricar trompos y chichiguas.[3]

A pesar de todas estas penurias, mi padre fue siempre un estudiante excelente, el mejor de su clase. Al terminar el sexto grado, con 12 años de edad, ingresó en el Seminario Santo Domingo Savio, en Jarabacoa, dirigido por sacerdotes de la congregación Salesiana. Ahí cursó hasta el cuarto año de Latín. Ya para entonces estaba convencido de que el sacerdocio no era su vocación y regresó a la casa de sus padres. Tenía 16 años de edad en ese entonces.

Su vuelta al campo coincidió con el ajusticiamiento del dictador Rafael Leónidas Trujillo. El joven Alberto, que ya tenía muchas inquietudes sociales, buscó la forma de canalizarlas. Fue así como participó activamente en la primera Liga Agraria Cristiana que se organizó en el país, precisamente en la comunidad de Juan López. Esas ligas se fueron multiplicando por todo el país, hasta que se constituyó la Federación Dominicana de Ligas Agrarias Cristianas (FEDELAC). Para el año 1963, Alberto fue contactado por dirigentes de esa federación, quienes le pidieron irse por tres meses, como voluntario, a trabajar en la organización de los campesinos en San José de Ocoa. No se hizo de rogar. Aceptó el reto. El primero de febrero de 1963, próximo a cumplir los 18 años, llegó a ese pueblo de

---

3. Cometas, papalotes.

la región Sur del país. El periodo de tres meses se extendería por veinte años.

En San José de Ocoa encontró un campo fértil para canalizar sus inquietudes y allí contó siempre con el apoyo de los líderes de la comunidad. Recuerda, por ejemplo, al párroco José Antonio Curcio, al también párroco Arturo McKinnon, a Rafael Sánchez (*Blanco*) y a Tomás Antonio Isa (mi padrino), entre otros. Destaca mi padre que los campesinos de la zona fueron siempre muy receptivos. En todo momento dieron muestras de querer organizarse y resolver muchos de sus problemas con esfuerzo propio. Fue así como mi padre se vio involucrado en los asuntos relacionados con el desarrollo de la comunidad. Trabajó como profesor en el Colegio Parroquial Nuestra Señora de la Altagracia, impartió docencia como voluntario durante algunos años en el liceo nocturno José Núñez de Cáceres y también trabajó para la Agencia de Cooperación Alemana (GTZ), en un proyecto que se desarrolló a través de la Cooperativa Santa Cruz.

Su vida en Ocoa fue siempre muy activa. Tuvo luego el privilegio de trabajar muy de cerca con el padre Luis Quinn, llegado a Ocoa en el año 1965. Participó en todos los proyectos que este motorizó, colaboró con el movimiento cooperativo y con los clubes culturales y formó parte del grupo músico-vocal Estrellas para un Mundo Mejor. En este caso, también la música tuvo una función social y realizaron presentaciones muy exitosas en muchos lugares del país, a través de las cuales daban a conocer los proyectos que desarrollaron los ocoeños con esfuerzo propio y con algunas ayudas nacionales e internacionales.

Entre estos proyectos, cabe destacar el canal de riego que construyeron los campesinos de El Canal usando apenas picos y palas.

La actividad política tampoco le fue ajena. En el año 1968 fue electo regidor por el Partido Revolucionario Social Cristiano, que dirigía el Dr. Alfonso Moreno Martínez. Para entonces, esta posición era honorífica. Ya finalizando esa década, conoció al profesor Juan Bosch y pasó entonces a hacer vida política en el Partido Revolucionario Dominicano (PRD), ocupando casi de inmediato la Secretaría General de la organización en San José de Ocoa.

En el año 1973 se produjo el desembarco por Playa Caracoles. El escenario en que se movió este foco guerrillero, dirigido por el coronel Francisco Alberto Caamaño Deñó, fue precisamente la zona montañosa de San José de Ocoa. Las consecuencias no se hicieron esperar y la persecución contra los dirigentes locales comenzó de inmediato. Se les acusó de ser enlaces entre los guerrilleros y los campesinos. Aunque esto estaba muy lejos de ser verdad, algunos se vieron obligados a vivir en la clandestinidad, incluyendo a mi padre.

Fueron tres meses de gran tensión, de mucha incertidumbre, de peligro constante. Los primeros veinte días de ese período los pasó, junto con Nicolás Sánchez, oculto en el cielo raso del asilo de ancianos San Antonio, localizado justo a la entrada del pueblo. Para alimentarse, dependieron de lo que (de manera muy cautelosa) les pudo llevar el padre Luis, desperdicios (algunos, como se ha de suponer, no muy agradables) que el mismo sacerdote recogía.

El riesgo era muy alto. Justo frente al asilo se había instalado un puesto de chequeo militar. Ser descubierto seguramente hubiera implicado la muerte. Pero apareció el salvador. El padre Luis contactó a Viriato Sención, a la sazón ayudante civil del presidente de la República, Joaquín Balaguer. Le pidió el favor de ayudarlo para el traslado de estos dos dirigentes a un lugar más seguro. Fue así como, encerrados en el maletero del carro de Sención (placa oficial), fueron trasladados a la ciudad capital, donde se hospedaron en casas de dirigentes y amigos. A los tres meses, derrotado el foco guerrillero y muerto su líder, el coronel Caamaño Deñó, decidieron dejar la clandestinidad. Regresaron al pueblo. Fueron apresados, pero sin mayores consecuencias. Había bajado mucho la tensión de los primeros días.

En ese mismo año se produjo una crisis en el Partido Revolucionario Dominicano. El profesor Juan Bosch abandonó la organización y fundó el Partido de la Liberación Dominicana. Mi padre fue de los dirigentes que siguieron sus pasos.

En el año 1984 mi padre emigró a los Estados Unidos. Había perdido su trabajo en el Proyecto Domínico-Alemán ante la negativa del Gobierno a financiar su programa, tal y como lo había establecido el convenio firmado entre el Estado dominicano y el Estado alemán. Mi padre trabajó un año completo sin cobrar un centavo, hasta que no tuvo más remedio que emigrar en busca de una mejor vida para poder mantener a su familia.

Llegó al Estado de la Florida para reubicarse, después de unos meses, en la ciudad de Nueva York. No es difícil imaginar lo que significó para él encontrarse en ese escenario completamente diferente. El comienzo, sobre todo, fue muy difícil y la soledad, aterradora. Había llegado solo, la familia había quedado atrás, pero mi padre no se amilanó. Tenía muy claro lo que quería: Levantar una familia como la que tiene. Trabajó duro, muy duro, pero se siente hoy sumamente satisfecho, y esto lo repite una y otra vez.

Es hora de decir que el día 3 de abril del año 1968 mi padre se unió en matrimonio con mi madre, Rafaela Ivelisse Mordán Brea, de la que paso a hablar ahora.

Mi madre

Nació mi madre el 24 de octubre de 1950 en Mahomita, San Cristóbal. En su acta de nacimiento, sin embargo, se consignó 1954 como el año de su llegada a este mundo. Para entonces eran muy comunes las declaraciones tardías de nacimientos y, consecuentemente, los errores de fechas. Dos razones hubo para la escogencia de su primer nombre: el 24 de octubre está dedicado en el santoral católico a san Rafael; pero además, era el onomástico y cumpleaños del dictador Rafael Leónidas Trujillo Molina, quien gobernó férreamente la República Dominicana entre los años 1930 y 1961. Era tal el miedo inculcado por la dictadura en la población dominicana, que muchas familias consideraban una obligación bautizar a sus hijos con el nombre del gobernante.

Fueron sus padres Persilia Oliva Brea, cariñosamente la Mamá Niña de la comunidad de Sabana Larga, y Julio Mordán Feliz, oriundo de El Memizo, en Azua, pero radicado durante muchos años en San José de Ocoa. Mi madre fue la sexta de diez hermanos (un hombre y nueve mujeres), pero cabe señalar que había, además, trece medio hermanos procreados por mi abuelo con otra mujer. Estamos hablando de veintitrés descendientes en total.

Mi abuela materna, Mamá Niña, fue una mujer de carácter muy fuerte, trabajadora incansable, alegre y muy autoritaria. Era la jefa. El abuelo había sido militar de bajo rango y era analfabeto. Opinaba que las mujeres no tenían que ir a la escuela. Es fácil entender entonces por qué mi madre, de niña, apenas si tuvo la oportunidad de tomar el primer curso de la educación primaria. Sus hermanas, con muy contadas excepciones, no tuvieron mejor suerte.

Mi abuela sabía que en el campo donde vivían el futuro de sus hijas era muy incierto. Decidió entonces enviarlas donde familiares cercanos que vivían en el pueblo o a la ciudad capital. Así, mi madre se marchó con tan solo siete añitos. Mi abuela quería simplemente que salieran adelante, pero contraer matrimonio fue en realidad la única forma que encontraron para lograrlo.

Una cosa sí puedo afirmar categóricamente: A pesar de la poca preparación académica de mi madre, es una mujer muy inteligente, diría que brillante. Siempre he pensado que, de haber tenido la oportunidad, hubiera sido la mejor abogada. Ella es de esas a quienes "no hay quien les gane". Tiene una confianza increíble en sí misma, a pesar de que prácticamente no tuvo niñez. Siempre trabajó muy duro en cada casa donde le tocó vivir y a los 17 años se casó, de modo que apenas contaba con 18 años cuando nací yo. Basta con decir que mi madre tenía 22 años cuando nació mi hermana menor, que era ya la cuarta.

Quizás por todas las vicisitudes que le tocó vivir, mi madre siempre fue muy consciente del valor de la educación. Por eso nos incentivó todo el tiempo a dar lo mejor, a estudiar con esmero, y nos transmitió esa confianza que ella tenía en sí misma. Una y otra vez nos repetía: "Todo se puede alcanzar".

Mis bellos padres
durante su noviazgo.

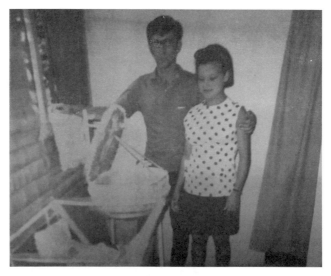

Mi madre embarazada de mí y luego mirándome
junto a mi padre, yo recién nacida.

Mi papá cargándome cuando yo tenía unos meses de nacida. Luego, cuarenta y cinco años más tarde, y todavía con el mismo amor.

Nueva York
9 de mayo, 1986

Querida Darys:

Aunque quisiera escribirte muy extensamente, no puedo. Ya van a ser las 12 de la noche, y debo levantarme a las 5 para ir a Long Island, dos horas de tren. No es que esté trabajando permanentemente en Long Island. Es que he estado yendo a veces a hacer trabajos en la casa de mi jefe. Ya tú sabes, arañando los pesos. Sigo en el mismo, y no pienso dejarlo, porque aunque he tenido mis períodos malos, yo creo que este es un negocio que cuando crezca me va a dar muy buenos beneficios. Lo que estoy es haciendo diligencias de otro trabajo en el turno de la noche. He presentado ya dos solicitudes, y tengo la esperanza de que me llamen de alguno. Sé que será muy duro, pero sacaré fuerza de donde sea para aguantar, porque necesito más ingresos para sacarlos a ustedes adelante. Si consigo ese otro trabajo te prometo que te podrás escribir sin problemas en la universidad para estudiar la carrera en la que aspiras graduarte.

Lamento no poderte dar seguridad de viaje para junio, pero, ¿o quién sabe si puedo darte la sorpresa, yendo aunque sea por el fin de semana para estar contigo? Imagínate cómo me gustaría. Pero, vaya o no vaya, quiero decirte que me siento muy contento con lo que has logrado y que sé que llegarás muy lejos.

Te quiero

Carta que escribió mi padre porque no pudo asistir
a mi graduación de bachiller.

Arriba, la familia con el padre Luis Quinn el día antes de partir este a EEUU para ser sometido a una operación que no pudo rebasar. Debajo, la familia días antes de mi boda, compartiendo con el profesor Juan Bosch en la casa del prominente intelectual.

Arriba, mis niños disfrutando en compañía
de su bisabuela, Mama Niña. Abajo, durante un
paseo por Bonao, República Dominicana.

CAPÍTULO II

Bajo la advocación de la D

San José de Ocoa

Nací en mayo de 1969, en San José de Ocoa, un pequeño y hermoso pueblo entre montañas, situado en la región Sur de la República Dominicana. Soy la mayor de cuatro hermanos. Mis padres me pusieron por nombre Darys Claribel. Escogieron ese nombre siendo todavía novios. Un año más tarde nació mi hermana Larissa Dorianny. Contaba yo con dos años cuando llegó mi hermano Dorian Alberto, y cinco cuando lo hizo la más pequeña, Lissa Darina. Nos decían la casa de las *des*. La trabajadora de la casa era Dorita, y la perrita que teníamos se llamaba Dorothy.

Desde el kínder hasta terminar el sexto grado, estudié en el colegio parroquial Nuestra Señora de la Altagracia. Di muestras de ser muy aplicada en los estudios. Mi promedio en las diferentes asignaturas fue siempre alto, tan alto que cada año se me eximió de tener que presentar los exámenes finales. Como resultado, mis vacaciones siempre se anticipaban un par de semanas. En ese centro de enseñanza mi papá tenía a su cargo el sexto grado. Pasando yo a tercero, él cambió de trabajo. Nunca olvido la despedida que le hicieron. Todos sus alumnos lloraban desconsoladamente.

Tenía yo apenas seis años de edad cuando se organizó en el pueblo un reinado, cuya finalidad era recaudar fondos para la construcción de un canal de riego. En la realización de esta obra estaban empeñados el padre Luis Quinn y los campesinos de El Canal, una comunidad extremadamente pobre, pero a cuyos habitantes les sobraban coraje y ganas de trabajar. Participamos en ese reinado muchas niñas del pueblo, de todas las clases sociales, entre las que yo me ubicaba en los estratos más bajos. Fui escogida como reina, la que recaudó más fondos.

Mi padre tuvo la brillante idea de escribir una carta motivadora dirigida a diferentes instituciones públicas y privadas, incluyendo las embajadas extranjeras acreditadas en el país. Esa carta tenía mi firma y mi fotografía. Muchos dieron el silencio por respuesta, pero el apoyo de otros fue muy generoso, así que logré recaudar más dinero que el conjunto de todas las demás participantes. Consecuentemente, fui coronada como reina. Como ya he mencionado, tenía apenas seis añitos. En la ceremonia de coronación, acto celebrado en las escalinatas del Palacio Municipal, hablé ante cientos de personas allí congregadas. Supe inmediatamente que eso me gustaba. A tan corta edad, aprendí sobre el gran poder de la comunicación.

Yo no había previsto la posibilidad de ganar, era de las participantes más pobres. Creo que el trabajo realizado para salir triunfadora fue una hermosa lección. Me di cuenta de cuán importante es tener una visión, ser proactiva, creer en una causa, tener fe, contar con una excelente red (*network*) y darlo todo.

Después de haber ganado este reinado, yo quería seguir siendo reina y participaba en todos los concursos de belleza locales que se formaban en el pueblo. Yo ya sabía qué quería ser cuando fuera grande: Miss Universo. Lo pienso y me río sola. ¡Qué diferente a lo que llegué a ser! Pero a medida que crecí, mis gustos y mis intereses fueron cambiando.

En ese momento, nuestra familia ya no sufría de la misma precariedad que tan duro golpeó a nuestros padres, aunque éramos pobres. La vivienda donde vivíamos constaba de tres dormitorios. En uno dormían mis padres; en otro, mi abuela materna; en el tercero, mis hermanos y yo. No teníamos televisión ni teléfono, mucho menos computadoras. Supimos siempre que no existían los Reyes Magos ni el niñito Jesús porque mi padre decía, producto de su experiencia de niño, que si en algún momento ellos no podían comprarnos un regalo para la ocasión, no quería que nosotros fuéramos a pensar que éramos niños malos y que no nos merecíamos regalos. No tengo recuerdos de que tuviéramos algo que se considerara lujoso. Puedo decir, sin embargo, que nunca nos faltó lo necesario.

Recuerdo una niñez feliz, sin preocupaciones, sin tensiones, sin acoso y, sobre todo, colmada de amor. Después del colegio, las tardes las pasábamos jugando al aire libre (la pelota, el pelotazo, la placa, el topao, etc.). También disfrutábamos muchísimo el montar y correr bicicletas. Recuerdo la preocupación de mi abuela materna, Mamá Niña, quien vivía con nosotros. "Esa es una María Machito", solía decir refiriéndose a mí. Me reprochaba que yo jugara más con los varones, prefería verme con las muñecas y con los juegos de cocina, pero a mí eso nunca me gustó.

Después del colegio, aparte de la diversión, también teníamos que ayudar con los quehaceres. Mis padres tenían una dulcería donde hacían unas famosas naranjas rellenas de dulce de leche, las cuales eran distribuidas en varios supermercados de la capital. El producto final era una hermosura, pero ¡Dios, cuánto trabajo costaba hacerlas! Nosotros, de niños, tuvimos que pelar muchas, pero muchas naranjas, así como batir el dulce de leche. Para esto último nos turnábamos pues el trabajo era agotador. Había que batir y batir para que el dulce no se pegara.

Mi abuela materna tampoco entendió nunca por qué no podía pegarnos como les pegaba a sus otros nietos. Era común que ella le pegara a cualquiera que no se comportara según ella entendía era lo correcto. Pero mi padre no permitía que absolutamente nadie nos pusiera una mano encima. Él decía que se nos podía corregir hablándonos como a personas civilizadas. Solo una vez mi padre llegó a halarme una oreja y creo que duré toda la noche llorando, no del dolor, claro que no, sino porque no podía creer que mi papá me hubiese hecho eso. Y mi abuela decía que para el colmo éramos tan blancos que no podía ni tocarnos porque se nos quedaba una marca en la piel. A veces ella olvidaba esto y corría detrás de mí para intentar pegarme. Nunca dejé que me alcanzara.

A los 6 años entré a formar parte del Baton Ballet de Ocoa y allí estuve hasta los 10 años. Era súper divertido y hacíamos muchas presentaciones desfilando por todo el pueblo. Mi tía, quien apenas me llevaba algunos años, también entró, pero mi abuelo no tardó en sacarla porque él no entendía cómo podíamos vestirnos con esos uniformes tan cortos que mostraban "todo" y "estar alzando las piernas delante de todo el mundo".

Tenía yo ocho años de edad cuando mis padres compraron un televisor, cuyos colores eran solo el blanco y el negro. Veíamos siempre *El show del mediodía*, *El Chavo del 8* y *El Chapulín Colorado*. Disfruté en ese entonces de la única telenovela que he visto en mi vida, *Mundo de juguete*, producida en el año 1974 por la cadena mexicana Televisa.

Cuando tenía 9 años, mi tía Ada vino a visitarnos y le trajo una bicicleta a mi hermano. Era la única bicicleta en el barrio. Yo enseguida la tomé y no paré hasta aprender a montarla esa misma tarde... yo sola. Nada me atemorizaba. Todos los retos eran bienvenidos.

En los veranos íbamos de vacaciones a Juan López, un campo en el Cibao donde vivían mis abuelos paternos. ¡Cuánto disfrutaba llegar allí y quitarle las frutas al árbol de tamarindo, ir a buscar agua al arroyo, y beber agua de un tinaco! En una de mis visitas, casi pierdo la vida. Estaba comiéndome un limoncillo o quenepa, me atoré con una semilla y no podía respirar. Gracias a Dios que mi tío Pascual estaba a mi lado y me volteó con los pies para arriba y me empezó a dar en la espalda hasta que tiré la semilla. Fueron segundos muy tensos.

Aprendí de mis padres que con esfuerzo, constancia y dedicación todo se logra. Insistentemente nos decían que debíamos estudiar para salir adelante. Nos decían: "La educación es la única herencia que les dejaremos". "Si otros pueden, tú puedes", me repetía constantemente mi madre. "Y si otros no pueden, tú serás la primera en lograrlo", agregaba convencida de que inteligencia me sobraba. Y yo crecí creyendo eso que oía. Recuerdo cuán orgullosos se sentían mis padres cuando llegaba yo a la casa mostrándoles un cien obtenido en un examen.

Mis padres nos inculcaron valores que, lejos de haber olvidado, se han hecho más y más fuertes a medida que fuimos creciendo. Con ellos aprendimos sobre ética, integridad, respeto. Mi casa fue una escuela donde también se desarrolló la sensibilidad social. Mi papá, por ejemplo, nos llevaba a los campos. Ahí veíamos de cerca la pobreza extrema. Visitábamos el asilo de ancianos. "Ayudar a los más necesitados es un deber", nos decía. Aprendimos a tratar a los demás con cariño y respeto, sin importar ni la clase social, ni el color de la piel, ni las creencias religiosas. Muy temprano fuimos conscientes de que todo ser humano tiene dignidad y merece respeto.

En el pueblo había un enfermo mental al que apodaban El Ñoco. Era yo muy pequeña, e imitando a la mayoría de la gente en el pueblo, que no hacía nada más que molestarlo, empecé a llamarlo por sobrenombres que a él le disgustaban y enfurecían. Tomó una piedra y la lanzó en mi dirección. Me pegó en la rodilla derecha y fue grande el susto al ver la sangre. Fui llevada al hospital, donde recibí varios puntos. Pensé que de seguro mi padre tomaría venganza, pero el sermón no se hizo esperar. Mi papá me dijo que yo no tenía ningún derecho a tratar así a ese pobre enfermo. Era una persona digna de respeto, igual que todas las demás. Y, aunque no con tantas palabras, me dejó entender que yo era merecedora de lo que me había pasado. Todavía hoy tengo esa cicatriz en mi rodilla y es un recordatorio de que hay que respetar al prójimo, no importa quién sea.

Hubo momentos muy difíciles durante el así llamado Gobierno de los Doce Años, siendo presidente de la República el Dr. Joaquín Balaguer. Mi padre era dirigente de la oposición, razón suficiente para que nuestra casa fuera frecuentemente allanada por las autoridades. En esas ocasiones volteaban todo de arriba abajo, buscando no sé qué. Si mi padre se encontraba en la casa, era apresado sin razón alguna. Al verse obligado a vivir durante tres meses en la clandestinidad en el año 1973, nosotros, su familia, también sentimos el acoso de las autoridades.

Cuantas veces salíamos del pueblo a visitar a los abuelos paternos en Moca, o para ver a nuestro pediatra en la capital, éramos seguidos muy de cerca por agentes de la Seguridad del Estado. Seguramente pensaban que mi madre, en un momento de debilidad, los conduciría hacia el lugar donde se escondía el dirigente perseguido, pero mi padre fue lo suficientemente astuto para no decir a mi madre dónde se encontraba. Todavía conservo una carta manuscrita que me envió él desde la clandestinidad. Sabía, me decía en su misiva, que en ese momento yo no entendía lo que él hacía, pero que de grande yo valoraría aquel sacrificio. Recuerdo que yo sentía cierta impotencia y albergaba mucha rabia contra el Gobierno. Me era difícil entender por qué se castigaba a gente inocente. Hasta hacer una simple crítica a las autoridades conllevaba ciertos riesgos.

Dos figuras importantes en mi vida para esa época, aparte de mis padres, fueron el padre Luis Quinn y el profesor Juan Bosch. Al primero lo veía como la expresión máxima de lo que debía ser un líder. Era sacerdote, pero lo común era encontrarlo vestido de jeans, camisa y botas, manejando un tractor o una pala mecánica para ayudar a los campesinos. Predicaba con el ejemplo. Era un hombre práctico. En la celebración de la misa, sus sermones tenían que ver con la realidad que uno vivía. Mis hermanos y yo lo veíamos como a un abuelo. Mi padre era su mano derecha, y pasábamos juntos mucho tiempo.

Por otro lado, estaban las visitas del profesor Juan Bosch a nuestra casa cuando tenía alguna actividad política en San José de Ocoa. Sabía que había sido presidente de la República y que era alguien a quien mi padre admiraba muchísimo. Me llamaba la atención la inteligencia de ese hombre. Hablar con él era como abrir una enciclopedia.

Me fascinaba esa manera tan suya de hablar con tanta calma y de explicar las cosas con un lenguaje tan sencillo.

En el año 1979 el ciclón David dejó Ocoa semidestruido y sin escuelas. Nuestra casa, construida en su totalidad con cemento, sirvió de refugio a mucha gente. Hay escenas que recuerdo vívidamente: Mujeres que rezaban, mientras otras cocinaban, y los niños simplemente tratando de pasar un buen rato. Afuera sonaba el ruido ensordecedor del viento huracanado, mientras las hojas de zinc de las casas vecinas y los animales volaban por los aires. Yo había sido promovida ya a séptimo grado y el liceo donde debía continuar mis estudios había sido convertido en refugio temporal para muchas personas desamparadas. Se decidió entonces que la familia se mudara a la ciudad capital. No debíamos perder el año escolar. Pero había un precio que pagar: Mi padre seguiría trabajando en Ocoa, así que en lo adelante lo tendríamos con nosotros solo los fines de semana.

Hacia Santo Domingo

Y llegamos a Santo Domingo, la ciudad capital. Nos mudamos a una casa del Residencial Gacela, en el kilómetro 10 de la carretera Sánchez. Fuimos inscritos en el colegio Don Pepe, justo al frente, en la urbanización El INVI, pues fue el único que nos abrió las puertas debido a que el comienzo del año escolar había quedado muy atrás. Era tan pequeño, que en una misma aula recibían clases varios grupos a la vez. Terminé ahí el séptimo grado.

Nos transferimos entonces al San Gabriel, un colegio católico, donde estaría durante los próximos cinco años, exactamente hasta 1986, cuando terminé mi educación secundaria. Tenía que caminar casi 1.5 km de ida y vuelta al colegio. De regreso a casa, el sol quemaba. Fueron cinco años inolvidables, cargados de emociones, en los que hubo cambios radicales. Un período de gran aprendizaje y de mucho crecimiento personal. No faltaron, por supuesto, las dificultades.

Lo cierto es que recibí una excelente educación en el colegio. Nos enseñaron no solo buen contenido académico, sino también buenos valores, aunque yo no siempre estaba de acuerdo con todo lo que me enseñaban, especialmente con los temas religiosos, pues al parecer todo era un pecado y por cualquier cosa irías al infierno. Tampoco estaba de acuerdo muchas veces en cómo disciplinaban a los alumnos. Un día en que hacíamos fila después de haber izado la bandera, el cura le pegó a un estudiante. Yo estaba en *shock*. Al llegar a la casa, le conté a mi madre y al día siguiente, a primera hora, estaba ella en el colegio para hacer una dura advertencia al sacerdote. Si nos ponía una mano encima, ella se aseguraría de que él regresara a España en el primer vuelo. Como pueden ver, las mujeres en mi familia no se dejan amilanar.

Me fue fácil hacer amigos en el colegio. Desde el primer día tomé posiciones de liderazgo y fui miembro cada año del Consejo Estudiantil. Los compañeros que necesitaban ayuda académica podían siempre contar conmigo. Del cuadro de honor nunca me separé. Puedo afirmar sin temor a equivocarme que los profesores me tuvieron gran aprecio, ya que cumplía siempre con mis deberes. Todavía hoy sigo en contacto con muchos de ellos. Ah, y algo que no puedo dejar de señalar: Nunca falté a una fiesta. Sabía combinar perfectamente el trabajo y la diversión. Fueron años hermosos.

Tenía yo 10 años de edad cuando recibí una de las mejores lecciones de mi vida. Habíamos ido toda la familia a pasar algunas horas en el Parque Mirador Sur. Estando allí, un niño me vendió un helado y yo le pagué con una moneda extranjera que en el país no tenía ningún valor. Orgullosa, corrí al lado de mi papá para contarle la "hazaña" de cómo ese helado me había salido gratis. Esperaba que él me lo celebrara. Pero, ¡qué sorpresa me llevé! ¡Tremenda amonestación la que me dio! Me hizo ver cuán duro tenía que trabajar ese niño para ayudar a sus padres, mientras yo jugaba libremente y sin ninguna responsabilidad. Pero no se limitó a eso, claro que no. Me hizo correr detrás de aquel pobre niño, pedirle perdón, y pagarle con la moneda correcta. Aprendí la lección. Supe, a partir de ese momento, que nunca debe uno aprovecharse de nadie, mucho menos del más débil. Aprendí que hay que hacer siempre lo correcto. Aprendí a valorar la integridad, a entender cuán importante es tener siempre la conciencia tranquila. Aquella fue una muy eficaz lección de integridad y ética.

A mis doce años, estando yo en octavo, un día al regreso del colegio recibí mi primera y única "pela"[4] de parte de mi madre. Todavía hoy, cuando puedo, se lo recuerdo y bromeamos al respecto, porque creo que fue una injusticia, aunque también admito que, ahora que soy madre, yo hubiera hecho lo mismo. Resulta que mi mamá quería que yo hiciera algo al llegar del colegio, pero yo estaba con hambre y tenía un calor espantoso. No entendía por qué no podía hacerlo ella. Le dije que no y ella me dijo algo a lo cual yo le contesté con cierta actitud. Se quitó el zapato y yo, al verla, salí corriendo escaleras hacia arriba y me encerré en mi habitación. Pero tuve un error de cálculo: la cerradura de la puerta se podía abrir con un pincho, así que para mi madre fue fácil entrar y comenzó a pegarme

4. Pela significa tunda, dar golpes.

con el zapato en la pierna, debajo de mis rodillas. Yo sentía mucha rabia; mi indignación era muy grande, aunque solo atiné a decirle: "Qué cosquillitas".

Esa expresión la oía constantemente en la televisión. Era el anuncio de un popular insecticida. Cuando a los mosquitos les aplicaban otro insecticida, ellos se quedaban igualitos y decían "qué cosquillitas", burlándose de la gente. Luego le pregunté a mi madre: "¿Ya terminaste?" Ella, obviamente indignada y con más rabia aún, me pegaba nuevamente. Ha sido mi única pela y todavía no la olvido.

Para esa misma fecha, mi padre se había ido a Alemania por razones de trabajo, para recibir un curso. Lo esperábamos con ansias. Llegó un día muy de noche y nos trajo patines a todos. Por supuesto que no dormimos. Empezamos a montar patines, y ya al amanecer del otro día lo hacíamos sin problemas. Juventud, divino tesoro. También nos compró un *skateboard*, y ese era mi favorito. Pasé muchas horas en esas actividades.

En el colegio San Gabriel conocí al que fue mi primer novio. Era la luz de mis ojos, y ese noviazgo se prolongó hasta mis primeros años de educación universitaria. Éramos inseparables. En mi casa no había servicio telefónico y todavía no había llegado al mercado el teléfono celular, así que la única forma de comunicarnos, cuando no estábamos juntos, era enviándonos notitas. Ni un solo día faltó esa visita a mi casa. Todavía me río cuando recuerdo la actitud de mi abuela materna, Mamá Niña, quien siempre vivió con nosotros (murió en noviembre de 2015, con 102 años de edad). Cuando quería que mi novio se fuera, solo se le ocurría preguntar a voz en cuello: "¿Qué hora es?", mientras procedía a cerrar las ventanas.

También fue en San Gabriel donde conocí a quienes llegarían a ser mis mejores amigos, Rosa Nurys y José. Hoy, habiendo transcurrido más de treinta años, seguimos siendo inseparables. Los tres somos ahora compadres.

Mi padre consiguió, a través de las monjas canadienses que prestaban servicios en Ocoa, que yo pasara un verano con una familia en la provincia de Ontario, Canadá. Los esposos David y Elsie Smith habían venido a mi pueblo con la finalidad de donar equipos médicos al hospital. Aceptaron, al ser contactados, invitar a una niña a su casa, y pidieron conocerme. Nos citamos, y en ese primer encuentro fue poco lo que conversamos. Nos limitaba la barrera del idioma. Ese fue, podríamos decir, un intercambio de sonrisas, pero me invitaron a pasar el verano en su casa y yo acepté gustosa, a pesar de no hablar inglés, de no conocer a nadie y de tener que separarme por primera vez de mi familia. El miedo había que dejarlo atrás.

Tenía yo entonces 14 años de edad y viajé acompañada por dos monjas. En el aeropuerto de Ontario me esperaban los Smith. Así comenzó uno de los mejores veranos de mi vida. Fueron tres meses maravillosos. Al principio, a veces, hablábamos por señas. Además, tuve que acostumbrarme a la comida, nunca vi arroz, habichuelas, tostones ni aguacate durante esos tres meses. De los cuatro hijos de esta pareja, dos, Pamela y Stephen, vivían en la casa. Me hicieron sentir en todo momento parte de la familia y fue mucho lo que aprendí.

Hay una anécdota que debo compartir: Un día Elsie me llevó a comer helado. ¡Lo disfruté tanto! Pero, ¿pueden creer lo que hice cuando terminé mi helado? Tiré la servilleta a la calle. La reacción de mi anfitriona fue inmediata. Me reprochó con la mayor severidad que hubiera hecho eso. En mi país, eso parecía normal. ¡Qué sermón me dio! Me sentí mal, pero aprendí la lección. Nunca más he tirado un papelito al suelo. Ahora, cuando veo a alguien hacerlo, siento ganas de darle el mismo sermón que me dio Elsie cuando yo tenía 14 años.

Los Smith poseían un bote. Lo llamaron *Estrella* en mi honor. Con frecuencia nos íbamos a remar al río Saint Lawrence. Me inscribieron en una escuela de mecanografía y allí conocí a jóvenes de mi edad.

Al final del verano, mi experiencia había sido tal, que no quería regresar a Santo Domingo, pero no podía quedarme. Inmigración en Canadá era, y es, sumamente estricta. Dos días después de yo dejar el país para regresar a Santo Domingo, inspectores de esa institución se presentaron en la casa para asegurarse de que yo me hubiera marchado.

Estando en Canadá, supe por mi padre que el abuelo Nano había enfermado, aunque no imaginé la seriedad del problema. No hacía mucho que me había despedido de él y se veía estupendamente bien. En esa ocasión me había pedido que le trajera un anillo a mi regreso. ¡Y yo que viajaba sin un centavo! Cuando regresé a la República Dominicana, cuatro días más tarde, murió Papá Nano en Moca. No le pudo ganar la batalla al linfoma. Corría el año 1983. No tuve tiempo de volver a verlo vivo y explicarle que no le había podido comprar el anillo por falta de dinero.

La situación económica en ese momento se hizo precaria. Mi padre perdió su trabajo y emigró a los Estados Unidos cuando cursaba yo el segundo año de bachillerato. Como mencioné anteriormente, era muy buena estudiante, pero recuerdo la frustración y la indignación que sentí cuando por primera y única vez en mi vida obtuve "un rojo" en mi nota tres meses consecutivos (un rojo es una nota por debajo de 60 y quiere decir que no aprobaste) en Educación Física porque no teníamos dinero para comprar el uniforme y, por lo tanto, yo no podía tomar la clase.

Comenzaba un largo período con la ausencia del padre. Muchas veces no veía a tiempo mis notas mensuales y era que nos atrasábamos en el pago. Sabía, eso sí, que me iba bien. Mi foto aparecía en el cuadro de honor de la dirección.

En 1984 murió mi abuelo materno, Papá Julián. Había sufrido un derrame cerebral. Fue enterrado justo el día antes de yo cumplir mis 15 años.

Uno de mis pasatiempos favoritos cuando llegamos a la capital era ir al parque Eugenio María de Hostos a ver la lucha libre. Sí, lo están leyendo correctamente. Mi padre no podía creer que a su hija le gustara tal actividad, pero igual me llevaba para complacerme. Recuerdo que lloraba si Relámpago Hernández le ganaba a Jack Veneno. Cuando luego me di cuenta de que todo eso era mentira, ¡qué decepción tan grande me llevé! Para aquella época, yo también peleaba mucho con mis hermanos, especialmente con Dorian, el varón, hasta que ya él creció lo suficiente y yo llevaba las de perder.

Otro de mis pasatiempos favoritos para aquel entonces era ser *pen pal*,[5] escribir a chicos de todo el mundo para aprender de sus culturas, intercambiar postales, sellos y monedas. Debe recordarse que por esos años la electricidad era un lujo. Este servicio se interrumpía por horas y horas, y en casa no había planta eléctrica ni inver-

---

5. Antes de la llegada de Internet, era extremadamente frecuente que los jóvenes sostuvieran una correspondencia intensa con jóvenes que vivían en otros países, como un modo de intercambiar y conocer diferentes culturas. Esta práctica era tomada con la misma seriedad que cualquier otro *hobby*.

sor. Al igual que mi padre, muchas veces también tuve que auxiliarme de una lámpara para estudiar.

Y llegó el día de mi graduación, en mayo de 1986. Mi padre, como mencioné antes, ya vivía en los Estados Unidos y no pudo estar presente. ¡Cómo lo extrañé ese día! Me acompañaron mi madre, mis hermanos, una tía y mi padrino, Tony Isa. Cada vez que otorgaban un premio, oía mi nombre y me paraba a recibirlo, pero no había regresado a mi asiento, cuando ya me estaban llamando de nuevo. Me encargaron pronunciar el discurso de graduación ya que había obtenido las más altas calificaciones. Terminada la ceremonia en la iglesia Nuestra Señora de la Paz, en La Feria, nos fuimos a celebrar al hotel Dominican Fiesta.

Fueron cinco años de muchas alegrías pero también de muchos sacrificios, precariedades y sufrimientos. Sin embargo, logré graduarme de bachiller. Si se quiere, se puede. Yo sentía las ganas y la gran responsabilidad de tener que hacerlo bien no solo por mí sino también por mis padres, quienes tanto se sacrificaban por nosotros.

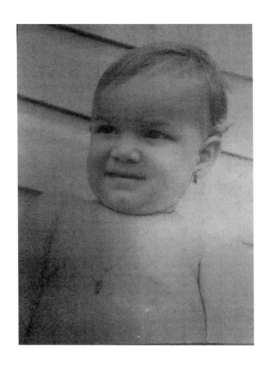

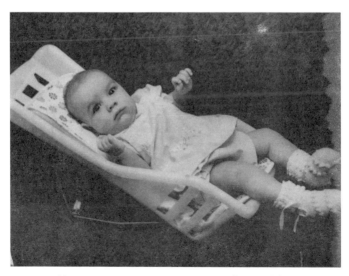

Yo con apenas unos meses de nacida.

Yo, bebé feliz con apenas meses de vida.

Arriba, cuando fui
Reina de Ocoa, a
los 6 años. Debajo,
con mi hermana
Larissa Dorianny,
vestidas ambas de
muñecas durante las
comparsas en Ocoa.

Arriba, posando con mi hermana Larissa Dorianny. Abajo, con tres años de edad y junto a mi hermano Dorian.

Pizarra que muestra los resultados de las recaudaciones
cuando fui seleccionada Reina de Ocoa.

Arriba, una presentación del Baton Ballet en el pueblo de Sabana Larga, cuando yo tenía aproximadamente 8 años; abajo, mientras fui dama de una boda, con 12 años.

Con mi padrino
Tony Isa durante mi
graduación del colegio
San Gabriel, en junio
de 1986. Abajo, con 15
años, lista para ir a una
fiesta.

Arriba, mi último año de bachillerato, con mis profesores Olimpo (Matemáticas) y Mirta (Inglés y Francés); abajo, con David Smith, quien me abrió las puertas de su casa en Canadá cuando yo tenía 14 años. La foto es de muchos años después, en 2014.

CAPÍTULO III

En la Gran Manzana está el punto cero

LaGuardia Community College

Me gradué de bachiller con notas altísimas, mientras el país atravesaba por una crisis económica muy grave y decidí que no debía quedarme en la República Dominicana.

Acompañada de mi madre, visité al profesor Juan Bosch en su apartamento de la calle César Nicolás Penson para buscar consejo. Se ofreció a ayudarme, a tratar de gestionar una beca para que estudiara en el país. Mi familia, ya lo he dicho, no contaba con recursos. "Tanto talento no se puede desperdiciar", me dijo, pero yo me preguntaba qué haría en la Isla. ¿Podría conformarme con ser una estudiante brillante, graduarme y colgar el diploma en alguna pared donde se viera bonito? ¿Limitaría mi meta a casarme y esperar que el esposo me mantuviera?

No, no veía espacio en el país para mí. Estaba decidida a llegar mucho más lejos, así que me iría, buscaría otros horizontes. Y entonces miré hacia Estados Unidos.

La decisión era difícil. Dejaría atrás a mi familia, a mis amigos y a mi novio. Y yo estaba, como decimos entre nosotros, *afixiá*.[6] Hubo resistencia, como era de esperarse. La primera que protestó fue mi abuela materna: "¿Cómo

---

6. Es decir, muy enamorada.

van a dejar ir a esa niña?", decía, para agregar luego: "Va a estar de su cuenta por allá". La preocupación de mis padres era cómo pagar una universidad en los Estados Unidos. A todo esto hay que agregar que yo hablaba muy poco inglés, pero había oído decir siempre que Estados Unidos era la tierra de las oportunidades y quería aprovechar eso al máximo. Convencí a mis padres. Les prometí ir a estudiar, que no los iba a defraudar. "Me voy a ganar una beca", les dije, convencida de que así sería.

Así dispuesta, llegué a Nueva York con una visa de turista en noviembre de 1986. Me hospedé en la casa de una tía (hermana menor de mi madre) en Queens; ella era apenas ocho años mayor que yo. No podía quedarme con mi papá. Él alquilaba una habitación en un apartamento y no le permitían tener a otra persona, así que yo dormía en el sofá de la sala de mi tía.

Allí me pasó algo terrible y que me marcó por mucho tiempo. Una noche cualquiera, mientras dormía en el sofá, desperté asustada porque sentí un cuerpo pesado y con olor a alcohol encima de mí. Era el por entonces esposo de mi tía. Enseguida pensé que él tal vez me había confundido con mi tía, su esposa. Le grité con voz de temor e infinito dolor: "Soy yo, Darys". El corazón se me salía del pecho al ver que él no se movía. Saqué fuerzas de donde no tenía, me zafé y me tiré del mueble. Él intentó agarrarme y, al hacerlo, me rompió parte del pijama que llevaba puesto.

Temblando, corrí hacia la habitación de mi tía y la desperté para contarle. Ella también pensó que él se había equivocado, aunque yo sabía perfectamente que lo había hecho con toda la mala intención. Gracias a Dios que no pasó nada, pero el susto fue terrible y por mucho tiempo me impactó de manera muy negativa. Esa experiencia me hizo consciente del trauma con que queda una persona cuando alguien abusa sexualmente de ella.

Sabía que no podía quedarme allí. Salí y fui a llamar desde un teléfono público a las únicas personas que me podían auxiliar. No quería decírselo a mi papá, temí que fuera capaz de matar a ese hombre y yo no quería que terminara en la cárcel. Decidí no hacerlo para evitar riñas familiares. Sí se lo comenté a mi madre y le dije que bajo ningún concepto mis hermanas podían visitar a mi tía. Solo ahora decidí contárselo a mi padre, porque no quiero que se desmaye al leer estas líneas. Tuve razón al actuar así. Mi padre respondió: "Todavía estoy a tiempo de encontrármelo algún día".

Extrañaba mucho a mi mamá, a mis hermanos, a mi novio, a mis amigos, y no podía estar con mi papá. Era realmente dura mi situación, pero me armé de coraje.

Puse todo el empeño en aprender inglés y mi papá me compró libros y casetes. Creo que ya había CDs, pero eran muy caros. Aún no conocíamos Internet. Debía prepararme para tomar el TOEFL (Test of English as a Foreign Language). Es el examen que debe tomar todo estudiante extranjero para ingresar a una universidad en los Estados Unidos. Escuché esos casetes día y noche. A mis amigos no les permitía que me hablaran en español. "Tengo que aprender inglés con rapidez", les decía. Presenté el examen unos meses después y obtuve una calificación que me permitió ser admitida en LaGuardia Community College, una universidad de dos años. Ahí comencé a estudiar en septiembre de 1987, tomando materias básicas, mientras afianzaba mi conocimiento del idioma.

El comienzo no fue fácil. Yo venía de ser la número uno en mi colegio y ahora no tenía siquiera la confianza de hablar en clase; no sabía cómo expresarme.

Para ese entonces, mi papá había conseguido ser contratado como súper (persona encargada del mantenimiento) de un edificio ubicado en una zona maravillosa del Midtown Manhattan, donde a cambio le daban un estudio para vivir. Un estudio es un pequeño espacio que tiene un baño separado y una pequeña cocina. Mi papá trabajaba todo el día, y cuando llegaba en la noche, tenía entonces que barrer y trapear todo el edificio, así como sacar todas las fundas de basura. Era un trabajo arduo. Yo trataba de ayudar, pero físicamente no podía. Recuerdo cómo mi papá entresacaba las latas de refrescos para llevarlas al supermercado y que le dieran cinco centavos por cada una. Sentía dolor al ver a mi papá trabajando como un animal, pero al mismo tiempo eso me daba la fuerza para seguir adelante y poder alcanzar una vida mejor. Tenía que salir de ese círculo vicioso de la pobreza y dar una vida mejor a mis padres y a mis futuros hijos.

Una noche quise sorprender a mi padre haciéndole algo de comer. Hice un pollo empanizado que me había quedado doradito, precioso. Cuando nos sentamos a comer y mi padre mordió el pollo, tuvo que sacárselo de la boca y solo atinó a preguntarme cómo lo había hecho. Le dije que le había echado un polvo y lo había puesto en el horno. Sabía horrible pues no lo sazoné y estaba crudo por dentro.

En otra ocasión quise hacer unas habichuelas. Como nunca me gustaron los granos, me habían dicho que las podía licuar y así nos comíamos la salsa. Lo que no me explicaron es que había que meterlas a la batidora después de haberlas hervido. Yo las transferí de la funda a la batidora, que terminó rota. Llamé a mi papá y le pregunté qué había hecho mal. En fin, desde aquel entonces supe que el arte culinario no era mi fuerte. Los que me conocen saben que hoy sigue siendo igual. Visito muy poco el departamento del humo y la grasa.

El tren número 7 era mi ruta al progreso. Todos los días lo tomaba para dirigirme a la universidad. Montarme en ese tren era como un viaje por todo el mundo, la diversidad de la gente era increíble: Oír tantos diferentes idiomas, ver a gente de religiones distintas, todo tipo de color de piel y pelo. Fue en LaGuardia Community College cuando escuché por primera vez el término *minoría* en referencia a los latinos. No entendía. Recuerdo que yo bromeaba: "Yo no soy ninguna minoría; soy dominicana y somos muchos".

Al terminar el primer semestre con una A en todas las materias, me permitieron tomar clases normales con los estudiantes que ya tenían dominio del inglés. Recibía todas las clases en horas de la mañana. Aprovechaba las tardes y me iba a la fábrica donde trabajaba mi papá. Allí trabajaba varias horas. Algunas noches cuidaba niños. Conseguía así ganarme algo de dinero con el que podía cubrir algunos de mis gastos. Por período de casi un año, los fines de semana me iba a los retiros católicos en el sur del Bronx. Allí era voluntaria. Entraba los viernes en la noche y salía los domingos en la tarde.

En ese primer semestre tuve un profesor muy especial en la clase Critical Thinking (en español sería Pensamiento Crítico). En Santo Domingo yo había recibido una buena educación pero el sistema era más de memorización y repetición, algo en lo que yo era excelente. En Estados Unidos había un sistema muy diferente y tenías que investigar, analizar y criticar mucho más profundamente. Mi profesor, John Chaffee, se convirtió en mi ángel guardián. Decía que yo era muy buena estudiante y me recomendaba un programa de verano en la universidad de Vassar conocido como Exploring Transfer. Para ese programa eran seleccionados estudiantes de universidades de dos años interesados en transferirse a una de cuatro años y, por supuesto, que tuvieran altas calificaciones. Serían seis semanas de estudios intensos.

Siguiendo el consejo del profesor Chaffee, hice una solicitud y fui aceptada en el programa. Comenzaba a vivir así otra experiencia difícil, llena de retos pero al mismo tiempo extraordinaria. Una cosa era tomar el transporte público cada día y otra muy distinta vivir en la universidad. Allí estudiábamos, comíamos, dormíamos. Todo se circunscribía al campus universitario. Tomábamos apenas dos materias, pero equivalían a un semestre. Las clases eran impartidas por dos profesores, uno de Vassar y el segundo de las restantes universidades que participaban en el programa.

Seleccioné Ciencias Políticas y Cultura Americana. En la primera, titulada Dynamics of South Africa (Dinámicas de África del Sur), debatíamos temas del momento. Había que prepararse para esos debates. No sabíamos de antemano qué posición asumiríamos. Podía ser la de defensores o todo lo contrario. Te asignaban un tema y qué lado te tocaba defender, a favor o en contra. No importaba tu opinión personal, tenías que prepararte como si fueras a defender ambos lados, para así poder enfrentar a tu oponente. Había que escuchar muy cuidadosamente al oponente para saber cómo responderle de manera convincente y eficaz.

Me correspondió en una ocasión defender al líder sudafricano Nelson Mandela. Desde entonces admiré y respeté a ese hombre. Se convirtió en mi ídolo. Soñaba con llegar a conocerlo, pero no tuve esa dicha.

En la otra clase, Cultura Americana, discutíamos acerca de los grupos denominados minorías: Hispanos, afroamericanos, indígenas y gays, tanto hombres como mujeres. Fue precisamente en una de esas discusiones cuando sufrí mi primera gran humillación y vergüenza. Pero fue una de las lecciones más significativas de mi vida. El tema en la clase ese día era "los gays y las lesbianas". Nos reunimos en círculo y yo estaba sentada al lado del profesor. Este, dirigiéndose a la alumna que le quedaba en frente, le pregunta: "Sonia, ¿qué harías si tu hijo te dice que es gay?" Yo, involuntariamente, dejé escapar un sonido de rechazo. La reacción del profesor fue inmediata. No dejó que Sonia contestara. "Por aquí tenemos una opinión", dijo. Yo había asistido a colegios católicos toda la vida; se me había enseñado siempre a ver eso como algo anormal, a considerar ese comportamiento como pecaminoso, así que hablé y expliqué que no estaba de acuerdo con ese tipo de relaciones.

"Es obvio que tienes un problema con los gays", señaló alguien, a lo que contesté afirmativamente. Grande fue mi sorpresa cuando escuché que el profesor era gay. Aquello fue como una bofetada. Me quedé en *shock*, me quería morir. Yo, ignorante al fin, me preguntaba a mí misma: "¿Cómo puede ser gay? Lleva puesto un anillo de matrimonio. ¿Cómo me puede estar pasando esto a mí?" Me reprochaba: ¡Qué tonta soy! Salí de la clase. Ya después, en mi habitación, me fui en llanto. Me sentía avergonzada por tener que volver a la clase, pero no había otra opción. Sin embargo, hubo un final feliz. Ese profesor se convirtió en uno de mis mejores aliados, me enseñó sobre la tolerancia, me ayudó a abrir la mente y los oídos para escuchar y entender a los otros, aun cuando estuviera en desacuerdo con ellos.

En ese programa de verano en Vassar se me exigía mucho más que en LaGuardia Community College. Las tareas muchas veces consistían en escribir ensayos de diez páginas o más, y yo apenas estaba aprendiendo inglés. Había que hacer presentaciones para las cuales debía uno prepararse muy bien. Los compañeros estaban ahí para cuestionarte, así que debía estar lista para defender mi punto de vista. Fueron muchas las lágrimas que derramé. Pensé algunas veces que nunca lo lograría, pero pudo más mi tenacidad. Trabajé día y noche y terminé el programa con dos A. Me sentí al final la mujer maravilla. Me vi con capacidad para conquistar el mundo, para hacer lo que fuere. Había estado en una de las mejores instituciones educativas del mundo.

Seis semanas bastaron para que me enamorara de esa universidad. Me dije que ahí me graduaría. ¿Cómo no enamorarme de aquel lugar? Era parecido a un *country club*, con áreas verdes espectaculares, piscina, gimnasio, campo de golf, edificios majestuosos. Pero era también, y ahí estaba lo más importante, un centro donde te enseñaban a pensar de manera crítica, donde te empujaban a ir más allá de tus límites, un centro académico donde te enseñaban a redactar, a debatir, y también a tolerar, a aceptar a los demás.

Mis compañeros me preguntaban si yo estaba consciente de cuán difícil era ser aceptado en esa universidad. Dicen que a veces la ignorancia es una bendición. Aunque no estoy de acuerdo con eso, debo admitir que en este caso lo fue para mí. Yo estaba confiada plenamente en que iría a estudiar a Vassar.

Ese verano regresé a Santo Domingo, no solo para ver a mi familia y a mis amigos, sino para ir al Consulado de los Estados Unidos y solicitar la visa de estudiante. Había cumplido ya los 18 años, era mayor de edad, así que me presenté sola para la entrevista, de cuyo resultado dependería que pudiera regresar o no. Yo confiaba plenamente. Estaba segura de que no tendría problemas. Toda la entrevista se desarrolló en inglés. Contesté sin titubear todas las preguntas del oficial consular. Se me otorgó una visa de estudiante, y así pude regresar con estatus legal a los Estados Unidos.

Terminado el verano, volví a LaGuardia Community College. Quería inscribirme en seis materias, pero lo máximo que se permitía tomar eran cuatro. Eso era lo considerado como un tiempo completo. Después de haber hecho el programa en Vassar, tomar cuatro materias me parecía muy poco y muy fácil. Tuve que buscar un permiso especial para que hicieran una excepción conmigo. Terminé con A en todas las materias. Estaría un año más en LaGuardia Community College.

En ese período solicité en cuatro universidades altamente calificadas. La consejera en la universidad me recomendaba tener un plan b: Solicitar también a otras universidades de menor calificación y donde me sería más fácil ingresar, según su opinión. En ese mismo sentido me aconsejaban mis compañeros. Yo, incrédula e inocente, daba un no rotundo por respuesta. Sabía que era una excelente estudiante. Daba como un hecho que me aceptarían y yo iría a estudiar a Vassar, esa prestigiosa universidad donde ya había conseguido antes aceptación para un programa de verano.

Y llegó por fin el día, para mí inolvidable. Era el mes de noviembre del año 1988 cuando recibí la carta con la buena nueva. Me felicitaban por haber sido aceptada en Vassar. No cabía de felicidad, más cuando vi que esa comunicación traía algo más. Llegó también un paquete especificando en detalles la ayuda financiera que me ofrecían. Yo estaba eufórica. Solo así podía aprovechar esa magnífica oportunidad. El año escolar costaba US$27,000, y el ingreso de mi padre andaba por los US$15,000 al año. La institución me ofreció una beca de US$25,000, así que solo debía buscar US$2,000, aunque nosotros ni eso podíamos pagar.

Al ingresar en Vassar, tomé un trabajo de 10 horas a la semana más un préstamo estudiantil. Mucha gente reaccionaba con gran sorpresa. Me felicitaban y me preguntaban: "¿Cómo lograste ser aceptada allí?" Todavía hoy me hacen esa pregunta. Yo siempre pensé que me aceptarían, pero después de ver la reacción de la gente y cómo no aceptaron a muchos de mis compañeros que habían hecho el curso de verano conmigo, fue que realmente caí en cuenta de cuán difícil era ser aceptada en una de esas universidades. Desconocer lo difícil que era ser admitida en Vassar fue lo mejor.

Terminé mi segundo año en LaGuardia Community College. Este centro de estudios tuvo para mí vital importancia; fue el peldaño que me permitió moverme al próximo nivel. Allí pude aprender inglés y darme cuenta de que yo podía, de que ya estaba lista para ir a cualquier institución académica y no solo sobrevivir, sino ser la buena estudiante que siempre fui. Al terminar LaGuardia Community College, incentivé a mi papá para que continuara sus estudios. Se preparó y tomó el examen GED (General Educational Development), examen que te certifica de bachiller, y así él también pudo entrar en LaGuardia Community College. ¡Cuánto orgullo yo sentía!

Al salir de aquella institución, nunca me pasó por la mente que muchos años más tarde, en septiembre de 2008, yo estaría allí dando el discurso de graduación a una clase de más de 600 alumnos que se graduaban, la mayoría latinos. La audiencia, incluyendo a los familiares, eran unas 4,000 personas. La ceremonia tuvo lugar en el Madison Square Garden. Allí también recibí por parte de la universidad la Medalla Presidencial, el más alto honor que da esa institución.

En septiembre de 1989 llegué a Vassar. Se comenzaban a cumplir mis sueños. Me di cuenta una vez más de cuán importante es arriesgarse, soñar en grande, salirse de la zona de confort. Se hizo más grande mi convicción de que somos capaces de lograr mucho más cuando nos lo proponemos, cuando perdemos el miedo, cuando entendemos que sí se puede, cuando nos atrevemos.

Vassar College

Llegué a Vassar cargada de sueños y llena de temores, pero no permití en ningún momento que el miedo se apoderara de mí. Estaba más que consciente de que era una bendición, un honor y un privilegio tener acceso a la educación que estaba a punto de recibir. Fui dispuesta a darlo todo. Sabía que se me abrirían muchas puertas y que ese era mi boleto hacia una vida mejor. Para mí era enriquecedor estar rodeada de tanta gente capaz, inteligente, con ideas brillantes, provenientes de distintas culturas, religiones y que hablaban diferentes idiomas. Todo era nuevo para mí.

La mayoría de los estudiantes eran de clases altas: Jóvenes que habían cursado estudios en los mejores colegios de Estados Unidos, Europa y Asia, casi mini universidades. Ellos se pasaban los veranos en campamentos y podían hablar de muchos viajes y aventuras alrededor del mundo. Entre la minoría me encontraba yo. Había llegado allí con menos recursos que la mayoría. En un principio, no lo puedo negar, me sentí llena de dudas y me cuestioné: "Oh, Dios, ¿qué hago aquí?" Pero en seguida reflexioné, y me dije: "Si estoy aquí es porque tengo el mismo mérito que los demás; por algo fui aceptada. Yo también tengo mucho para contribuir".

En el primer semestre adaptarme fue difícil. Creo que una de las cosas a las que más me costó acostumbrarme fue a los baños mixtos. Al principio yo no quería ni ir al baño por la vergüenza. Pero como todo en la vida, pronto tuve que acostumbrarme para sobrevivir. Detestaba la comida. Yo, que era flaca, adelgacé mucho más. Mi papá me "amenazó". Si no comía, me iría de vuelta a Santo Domingo. Un requisito del paquete de mi ayuda financiera era que yo tenía que trabajar diez horas a la semana para así poder cubrir algunos de mis gastos. Trabajé como tutora de Español, así como en la Oficina de Seguridad.

Las clases eran sumamente demandantes, mucho más de lo que me exigían en LaGuardia Community College, pero no me acobardé. Estudié incansablemente. El resultado, A en todas las materias. Varios compañeros, al ver mis notas, me decían admirados: "Pero, ¿cómo así, todas A? Eso es casi imposible". Me encontraba lejos de todos los míos. Cuando estaba en la ciudad, por lo menos podía ver y compartir con algunos familiares y amigos. En Vassar era como empezar de cero. Pero yo estaba determinada a hacer de esos años universitarios los mejores. Mi propósito era aprender de todo. Seleccioné las más diversas materias: Psicología, Literatura, Historia, Italiano, Arte, Política… en fin, quería ser como una esponja, que todo lo absorbía.

Ese primer año participé como voluntaria de un programa en una cárcel de máxima protección, Greenhaven

Correctional Facilities. Allí iban supuestamente los peores criminales. Yo trabajaba con un grupo selecto que ya iba a salir de la cárcel. El propósito era ayudarles para que se pudieran incorporar de nuevo al mundo laboral. Les hacíamos simulacros de entrevistas para que ellos estuvieran preparados cuando les tocara enfrentarse a un juez. Muchas veces también serví de intérprete pues había muchos presos de habla hispana. Para mí eso fue una experiencia indescriptible.

Había muchos programas de intercambio con instituciones académicas de otros países. Eso también lo quise aprovechar. Solicité irme a España por un semestre. Me aceptaron y me fui a Madrid. Tan maravillosa fue la experiencia que hablé con mi consejera de Vassar y le manifesté mi deseo de quedarme un año completo. Con su visto bueno, así lo hice. Una de mis clases favoritas en España la tomábamos semanalmente en el Museo del Prado. Estudiábamos la pintura de los grandes: Velázquez, Goya, El Greco.

Durante ese año, tuve la oportunidad de visitar la mayoría de los países europeos, algo que para mí era un privilegio. Con tal fin, mi padre me compró un *eurail* de estudiante, pase de tren relativamente barato. Con él podía viajar sin límites y durante tres meses por casi toda Europa. Hice ese viaje inolvidable; parte del tiempo, con Neda, mi amiga de Vassar; luego, sola. Recuerdo que Neda estaba alarmada cuando me dijo que visitáramos el museo de Ann Frank y yo no sabía quién era ella. Neda no podía creer que yo no hubiese leído el libro (*El diario de Ann Frank*) y le expliqué que eso no había sido parte de mi currículo en Santo Domingo. Uno de los momentos inolvidables de ese viaje fue visitar el Vaticano y conocer al Papa Juan Pablo II.

Llevaba conmigo un mapa. En esa época no había Internet y no tenía celular. Auxiliándome del mapa, decidía adónde quería ir cada día. Me hospedaba en hostales muy baratos. Ahí conocí a muchos que viajaban como yo. Y eso también me enseñó. Aprendí mucho de sus culturas, su historia, su arte, su política y su gente.

Regresé a Vassar para cursar el último año y pasé muchas horas en la biblioteca. En aquel entonces, sin Internet, trabajar en un proyecto o escribir un ensayo requería muchas más horas de investigación que hoy. Es difícil para los estudiantes de esta generación comprender eso. Teníamos que buscar esas tarjetas organizadas en orden alfabético (fichas) que nos decían en qué pasillo se encontraba algún libro específico. Aparte de estudiar mucho, decidí que disfrutaría al máximo ese último año. Asistía a todos los eventos, a todas las actividades. No dejaba escapar una fiesta.

Recuerdo que mis compañeros vivían con un constante estrés. Su pensamiento parecía concentrarse en cómo conseguir trabajo una vez graduados, o cómo lograr ser admitidos para hacer la maestría de su preferencia. Yo no entendía el porqué de tanto estrés. Mi actitud era otra. Cuando terminara la universidad, entonces me concentraría en el siguiente capítulo de mi vida. Realmente no tenía ni idea de que encontrar un trabajo fuera tan difícil. Tampoco tenía idea de que muchos años más tarde tendría el honor de ser invitada a formar parte del Consejo de Directores (*Trustee*) de la Universidad de Vassar. La universidad se fundó en 1865 y tuve el honor de ser la primera latina que llegó a ese consejo.

Para ese entonces, ya había llegado nuevamente el amor. Era Andy, mi mejor amigo. Con él pasaba largas horas hablando de lo que fuera, riéndonos. Era la persona más inteligente que había conocido. Podíamos tratar cualquier tema. Era humilde, con un gran corazón y guapísimo. Él, de San José, California; yo, de San José de Ocoa, República Dominicana. Cuando nos graduamos, Andy se fue a su casa en la costa oeste. Yo me quedé en la ciudad de Poughkeepsie, trabajando en un campamento para niños. Cuidaba, además, a otros a los que ya había dedicado algún tiempo durante mis años universitarios. Eran los niños del matrimonio Weinreich. Con esta familia me quedé algún tiempo, y en todo momento me hicieron sentir parte de ellos.

Todos los días, sin falta alguna, el correo me traía carta de Andy. Me decía que no soportaba estar lejos de mí y quería mudarse a la costa este para que estuviéramos más cerca. A mí también me hacía mucha falta su compañía. Lloraba cada vez que leía sus cartas. Lori Weinreich, la señora de la casa, viéndome llorar un día, quiso saber qué me pasaba. Le contesté que Andy me hacía mucha falta y que necesitaba verlo. "Bueno, dile que venga y se mude con nosotros", me respondió sin titubear. No lo podía creer. Le pregunté si hablaba en serio. Me respondió afirmativamente. Fue así cómo Andy regresó a la costa este. No teníamos trabajo, pero estábamos dispuestos a salir adelante juntos. Andy se quedó conmigo durante el verano en casa de los Weinreichs, en Poughkeepsie. Después nos fuimos a la ciudad de Nueva York a vivir con mi papá y a buscar trabajo.

Arriba, la revista de Vassar College me hizo un reportaje especial con una foto tomada dentro de la Bolsa de Valores de Nueva York. Abajo, compartiendo con mi colega, la actriz Meryl Streep, durante nuestras reuniones del Consejo de Directores de Vassar College.

Compartiendo con los
líderes globales
Bill Clinton y el rey
Felipe de España.

Arriba, con Desmond Tutu, una de
las personas que más admiro. Abajo,
compartiendo un agradable momento con
Shimon Peres, quien fue presidente de Israel
entre 2007 y 2014.

Arriba, una conversación con Felipe Calderón, presidente de México entre 2006 y 2012, durante una visita a su país. Abajo, compartiendo en Suiza con mi colega, el joven líder global Haakon, príncipe heredero de Noruega.

CAPÍTULO IV

Cuando los caminos conducen a Wall Street

Final del verano, año 1992, Andy y yo no teníamos un centavo. Por suerte, mi papá ya tenía apartamento y había traído a la familia. Le pedí que nos permitiera vivir algún tiempo con ellos y la respuesta fue positiva.

Llegamos a la ciudad de Nueva York cargados de sueños, con un deseo inmenso de superación, dispuestos a trabajar, decididos a vencer obstáculos. Contacté a una señora llamada Pamela, quien ya antes me había ayudado firmando un *affidavit* y haciéndose responsable para que yo obtuviera mi visa de estudiante y pudiera ingresar en la universidad. Por supuesto, mi papá y yo éramos responsables de todos los gastos. Nuestra relación se hizo más estrecha aún porque luego yo cuidé de su hija. Ya para entonces me había matriculado en LaGuardia Community College. Pamela era, al llegar yo otra vez a Nueva York, rectora de una universidad en Manhattan. Me propuso trabajar con ella, comenzando en septiembre. Ni siquiera le pregunté qué tendría que hacer ni cuánto ganaría. No recomiendo a nadie hacer eso, aunque debo admitir que me sentía feliz por el solo hecho de comenzar a trabajar.

Había en esa alta casa de estudios tres programas: Bachelors (4 años), Asociado (2 años) y Certificado. Este último consistía en completar algunos cursos de especialización en una rama determinada. Me asignaron la responsabilidad de este último programa. El salario, US$22,000 por año. Debía asesorar a los estudiantes: Qué les faltaba por completar, qué debían hacer, qué clases estaban disponibles, etc. Apenas transcurrida una semana supe que ese trabajo no era para mí. Sentía que ya dominaba eso. Todos los días me parecían iguales, era demasiada la rutina. Y yo odio la monotonía. Quería crecer. Necesitaba hacer algo que me desafiara intelectualmente.

Una compañera de promoción de Vassar, Vanessa Pardo, puertorriqueña, no tenía familia ni dónde vivir después de la graduación. Recurrí otra vez a mi padre. Le pedí el favor de permitir que ella se mudara un tiempo con nosotros. Vanessa tenía una amiga, puertorriqueña como ella, ejecutiva en Nueva York, que ayudaba a conseguir trabajo a estudiantes latinos egresados de buenas universidades con altas calificaciones. Yo calificaba, así que preparé mi CV y a través de Vanessa se lo hice llegar.

Las llamadas no se hicieron esperar. Llegaron de varias corporaciones, entre ellas Deltec Asset Management, una firma administradora de activos en Wall Street. Buscaban un candidato recién graduado de una universidad *top*, con buenas calificaciones, que hablara español y entendiera Latinoamérica. Yo tenía apenas dos meses trabajando en la universidad. Compré un traje de Ann Taylor, falda y chaqueta, y me presenté a la primera entrevista sin saber nada, absolutamente nada de Wall Street (lo cual no recomiendo). Me entrevistaron varias personas. Las preguntas fueron muy variadas. Querían saber de mí. Se interesaron por conocer cómo había llegado a Nueva York, inquirían sobre Vassar, acerca de mis notas, mis materias favoritas, hacían preguntas básicas sobre economía, como inflación, devaluación, oferta y demanda. Les preocupaba que nunca había tomado una clase de Economía. Les expliqué que, habiendo crecido en un país emergente, uno no necesitaba tomar clases de Economía, que eso era parte de nuestro día a día.

Muchas horas duró esa entrevista. Me pareció una eternidad. Volví a casa mareada pero contenta, satisfecha. Sentí que había contestado todas las preguntas con mucha confianza. Días después me llamaron de nuevo. Debía presentarme a la segunda vuelta de entrevistas. En esa ocasión, algunos de los entrevistadores pertenecían al Consejo de Directores, entre ellos los jefes de las oficinas en Londres y Bahamas. Esta vez tampoco permití que los nervios me traicionaran. Me decía: "Es solo una entrevista; sé tú misma y lo harás bien". Otra vez salí mareada de allí. Llegué a casa y le comenté a Andy: "Sigo sin entender mucho sobre Wall Street, solo sé que se habla de mucho dinero".

Vanessa, mi amiga puertorriqueña, había recibido una oferta de trabajo de Merrill Lynch con un sueldo anual de US$32,000. Ella era mi única referencia. Unos días más tarde recibí la llamada de Deltec. Me hicieron una oferta: trabajaría para la mesa de Latinoamérica en Renta Fija, con un sueldo anual de US$29,000, más bonificación. Si bien era cierto que esto sobrepasaba en US$7,000 lo que entonces devengaba, eran US$3,000 menos de lo que ganaba mi amiga Vanessa. No era que yo estuviera compitiendo, pero se me hacía difícil aceptar que, trabajando en la misma industria y haciendo prácticamente lo mismo, se me pagara menos.

Rechacé la oferta alegando que no me pagaban lo suficiente. Kieran, quien luego sería mi jefe, estaba al otro lado del teléfono. Se quedó en *shock*, no lo podía creer. Le dije del salario de mi amiga. Hoy lo pienso y me río. Él pudo haberme dicho: "Muy bien, gracias". Era natural que

pensara: "Ella se lo pierde". Podía hacerle la oferta a cualquier otro recién graduado, eran muchos los que estaban
buscando empleo. Pero no fue así, me invitó a cenar en un
restaurante de la Quinta Avenida. El propósito era hacerme entender lo que yo estaba dejando escapar.

Me explicó detalladamente en qué consistía el trabajo. Me aclaró que los US$29,000 serían solo el salario. Hizo
hincapié en que el bono podía ser muy bueno, aunque
nunca mencionó ningún monto. ¿A cuánto podía ascen-
der? ¿US$3,000, US$5,000? La verdad, yo no tenía ni la
más mínima idea. Insistí, quería US$32,000 de salario. Él
se mantuvo inflexible, alegando mi falta de experiencia.
Mirándole a los ojos le pregunté: "¿Por qué me has invitado a cenar y tratas de convencerme de que acepte el
trabajo?" E inmediatamente le di la respuesta: "Porque
sabes que soy buena y lo puedo hacer, de lo contrario
no estarías aquí". Muchos pueden interpretar esto como
arrogancia, pero yo diría que era confianza en mí misma,
valor heredado de mi madre. La conversación se hizo bastante larga. Finalmente me convenció. Acepté. Me emo-
cionaba la descripción del trabajo. En cuanto a la negociación del salario, no cambió nada, pero por lo menos lo
intenté.

Debía entonces hablar con Pamela e informarle que
había aceptado otro trabajo más acorde con lo que yo
quería hacer y con un pago mayor. Me armé de valor.
Su reacción no fue la que yo esperaba, pensé que me
apoyaría. Todo lo contrario. Me tildó de malagradecida y
me sentí mal. Lloré. La verdad era que tenía mucho que
agradecerle, pero también era mi responsabilidad pensar
en mí, en mi futuro, en mi carrera. Le di dos semanas para
que buscara a mi reemplazante. El 14 de diciembre del
año 1992 llegué a Deltec Asset Management.

El primer día fue abrumador. Yo trataba de absorberlo todo, buscaba aprenderme las definiciones, las fórmulas matemáticas, y puse mucho empeño en conocer a la gente. Al final del día llegué a casa mentalmente exhausta.

Para poder trabajar en Wall Street e interactuar con clientes, necesitas tener las licencias de lugar. En este caso, yo necesitaba la serie 7 y la serie 63. La primera, se podría decir que implicaba someterse a un examen doloroso. Dura un día completo y abarca demasiada información. La segunda requiere un examen mucho más sencillo, aunque no son pocos los que no lo aprueban, pues no lo toman en serio. Debía estudiar sola ya que Deltec no tenía un programa de entrenamiento formal. Después de una larga jornada de trabajo, tenía que estudiar en las noches, preparándome para esos exámenes.

Al parecer era tradición que cada vez que alguien tomaba el examen, se hicieran apuestas para ver quién se acercaría más a la nota que uno sacaría. Me pareció divertido hasta que vi que mis colegas apostaban a que yo no pasaría el examen. Dicho de otra manera, no me creían capaz. Me dije entonces: "Este es el mayor incentivo que me han podido dar. Ahora es que voy a pasar esos exámenes con gusto; voy a probarles quién soy". Efectivamente, tomé los exámenes. El resultado fue muy bueno: una puntuación por encima de 90. Entonces bromeaban: "Estudiaste demasiado", me decían.

Me parece interesante recordar algo del segundo día. Llegué a mi lugar de trabajo vestida con un traje de pantalón. Me llamaron a una oficina. "No está permitido vestir de pantalones", me dijeron. Pensé que bromeaban, hasta me reí. Cuando por fin me di cuenta de que hablaban en serio, reclamé que a mí nadie me había mencionado eso en la entrevista. "No voy a usar faldas en invierno", recalqué. Exigí en Recursos Humanos que me mostraran la política que prohibía a las mujeres vestir pantalones. Yo los seguiría usando. Fui más lejos: "El creador de esa regla posiblemente fuera alguien interesado en verles las piernas a las mujeres". Eso alegué. Poco a poco las otras empleadas siguieron mi ejemplo. La regla se cambió.

¡En Deltec aprendí tantas cosas! Kieran, mi jefe, fue como un ángel guardián. Los días eran largos, pero no había tiempo para el aburrimiento. Mi ubicación era el *trading floor* o mesa del dinero, un lugar abierto, con mucha gente alrededor, con varias pantallas al frente y muchísimas líneas de teléfonos, tal cual lo vemos en las películas. Las decisiones se debían tomar en cuestión de segundos pues el mercado no esperaba. Era necesario tener los nervios de acero. Las informaciones debían ser procesadas con una rapidez asombrosa. Había que estar atento a todo cuanto aconteciera en el mundo. Habíamos entrado ya en la era de la globalización, lo que pasara en Japón podía afectar lo que hiciéramos en Nueva York y los errores podían ser muy costosos. Una transacción cualquiera involucraba millones de dólares.

Recuerdo algo que me ocurrió algunos meses después de haber comenzado ese trabajo. ¿Cómo olvidarlo? Estaba sola y el jefe de mi jefe me dio una orden. La cumplí de inmediato. Cuando iba a escribir el ticket (entonces era manual), me di cuenta de que había cometido un gravísimo error. La orden era comprar y yo vendí; o viceversa, no lo recuerdo y no es importante. Se me paralizó el corazón, me dolió el estómago. Se trataba de millones de dólares. No perdí tiempo y corrí agitada a la oficina del jefe. Casi con lágrimas en los ojos le expliqué lo sucedido. Con mucha tranquilidad me dijo: "Un error lo comete cualquiera". Y agregó en seguida: "Has sido muy valiente en venir a decírmelo; le buscaremos la vuelta". Terminó simplemente pidiéndome ser más cuidadosa la próxima vez. Lección aprendida. Nunca más cometí un error de esa naturaleza.

Al cumplir el primer año en ese trabajo, corría diciembre de 1993, y recibí mi primera evaluación: ¡Excelente! Me dijeron que había logrado más de lo que ellos esperaban, había superado todas sus expectativas, y entonces me informaron del famoso bono sobre el que tanto había insistido mi jefe cuando, como les expliqué antes, me había invitado a cenar. Cuando abrí el sobre me quedé congelada: ¡US$45,000! Al parecer leyeron mi pensamiento: "Sí, ese es el monto correcto", me dijeron sonriendo. ¡Cuántas ideas pasaron por mi mente en ese momento! Podría comprar algunas cosas que necesitaban mis padres, podría ayudar a mis hermanos a pagar la universidad. Dios me premiaba. Llamé a mi mamá y le conté. Me pidió que no gastara ese dinero. "Seguramente es un error. Estoy segura de que se les escapó un cero de más al final y realmente son US$4,500", me dijo. Wall Street me abrió las puertas a un mundo que jamás imaginé.

Me sentía sumamente bendecida con el trabajo que tenía. Era pura adrenalina. Ningún día era igual al anterior y nunca se parecería al siguiente. Eso era lo que más me gustaba pues las rutinas me aburren. Ese trabajo combinaba todo lo que me gustaba: política, economía, viajes y conocer gente. Todo esto significaba un constante aprendizaje. No podía creer que me pagaran por hacer algo que disfrutara tanto.

Después de dos años en el *trading floor*, entendí que ya sabía cómo funcionaba eso. No quería seguir haciendo lo mismo, necesitaba nuevos retos, así que dejé saber a mis superiores cómo me sentía. Me dieron la oportunidad de pasar entonces a hacer más investigaciones, a viajar por toda América Latina. Entrevistaba a mandatarios, políticos de todos los niveles, empresarios, gente de la calle. Debía determinar si invertir o no en un país. Si la respuesta era positiva, había que decidir entonces en qué productos invertiríamos; otras veces la decisión que debíamos tomar era si salir o no de esa inversión. Hubo ocasiones en que visitaba un país por día. A veces despertaba sin saber en cuál país me encontraba.

Un par de años más tarde quise reinventarme otra vez. Quería manejar un fondo, una cartera de clientes. Volví a hablar con mis superiores y ellos entendieron y me dieron nuevamente la oportunidad. Los clientes ya me conocían. Existía entre nosotros una excelente relación. Puedo asegurar que ellos se sentían muy a gusto conmigo. Empecé entonces a manejar el fondo de corto plazo.

Tengo muchas anécdotas de esos años. Recuerdo particularmente una. Yo tenía ya las experiencias vividas por la gran crisis de México en 1994, la de Asia en 1997, y la de Rusia en 1998. Ahora estábamos en Brasil. Era el año 1999. Éramos un grupo de diez empresarios, nueve hombres y yo. Casi siempre fue así, que yo era la única mujer y la más joven por muchos años. Ese país perdía millones y millones de dólares diariamente en sus reservas internacionales. El primer día en Río de Janeiro nos reunimos con un grupo de empresarios. Discutíamos si habría o no una fuerte devaluación. Analizábamos si el país y las empresas estarían en capacidad de pagar su deuda acumulada en dólares. Todos aseguraban que no habría devaluación, pero yo no entendía cómo lo iban a lograr. Nadie me sabía explicar.

Al día siguiente nos trasladamos a la capital, Brasilia. Allí la reunión fue con altos representantes del Gobierno.

No vacilé en preguntar: "¿Cómo pretenden mantener el tipo de cambio cuando pierden tanto dinero diariamente?" Uno de aquellos altos funcionarios me respondió con otra pregunta: "¿Cuántos años tienes?" Me reí, incrédula. "Veintinueve", le respondí. Yo era la única mujer en el salón y todos los presentes podían ser mis abuelos. El funcionario al que hago referencia volvió a tomar la palabra: "Ese es el problema de Wall Street hoy en día; estos jóvenes de veintitantos creen sabérselo todo". Me tuve que controlar para no decirle lo que estaba pensando. Muy respetuosamente le respondí que mi inquietud se basaba en hechos. "Ustedes", les dije, "parecen ser los únicos en no darse cuenta de lo que está ocurriendo".

Llamé a mi oficina en Nueva York e informé sobre la situación, a mi entender muy preocupante. Recomendé cautela. Estaba segura de que la gran crisis era inminente. Ese mismo día, en la noche, volamos a Sao Paulo. Al día siguiente nos reuniríamos en el Citibank. Apenas amaneció, escuchamos una noticia de último minuto, económicamente impactante. El Banco Central había devaluado la moneda y creado una banda. Se suponía que la moneda fluctuaría dentro de esa banda. El Banco Central intervendría cuando estuviera en los límites, abajo o arriba. En unos minutos la moneda brasileña se fue a pique. No me alegré, claro que no. Pero, ¡cuánto desee tener frente a mí a ese funcionario que apenas el día antes, y en una actitud arrogante, había considerado que yo no sabía de lo que hablaba! Parecidas a esta tengo muchas anécdotas.

En Deltec aprendí a tomar la iniciativa, a hablar cuando debía hacerlo, a defenderme de todo lo que considerara injusto. Aprendí a no esperar que las oportunidades llegaran a mí, sino a buscarlas, a crearlas yo misma. Y me di cuenta de que el solo hecho de hacer bien tu trabajo no era un boleto para conseguir una promoción. Aprendí que tenía que mercadearme y promocionarme yo misma, que debía hacer cosas nuevas, inciertas, que debía estar dispuesta a asumir riesgos, a tropezar, a equivocarme y a aprender. Aprendí que no puedo complacer a todo el mundo, que muchas veces hay que tomar decisiones difíciles, que tengo todo el derecho de pensar en mí, y no vivir para los demás. Aprendí que no siempre hay que aceptar las cosas como son, especialmente si no tienen sentido. Entonces hay que trabajar para cambiarlas.

Ese tiempo que viví en Nueva York fue una etapa de grandes sacrificios, de mucho trabajo, pero también llena de enormes satisfacciones, porque eso es precisamente lo que sentimos cuando servimos. Eso procuré hacer siempre. Me involucraba en todo cuanto podía para ayudar a los diferentes grupos étnicos radicados en la llamada Capital del Mundo, poniendo mayor empeño, por supuesto, en la comunidad dominicana. Servir no era para mí simplemente una opción. Ayudar a los más necesitados, impactar positivamente en ellos, contribuir en la superación de sus problemas, era un deber. Eso formaba parte de mis valores.

Todos los años mi familia y yo recaudábamos fondos para diferentes comunidades. Con estos fines participábamos en diferentes marchas. Entre ellas cabe destacar March of Dimes, Marcha para el SIDA y UNICEF. Cuando llegaron los hijos, a ellos también los involucrábamos en estas actividades. Sentíamos que debíamos hacerlos consciente de que ayudar a los demás era algo útil y necesario, y además, muy gratificante.

Formé parte durante muchos años del Consejo de Directores del Dominican Women's Development Center, una organización sin fines de lucro, creada con el objetivo de empoderar no solo a la mujer dominicana, sino a la mujer latina. Resultaba muy gratificante ver el impacto que se podía tener en estas mujeres y el efecto multiplicador que ellas tenían en sus respectivas comunidades.

Andy y yo fuimos también miembros fundadores de Dominican American Professional Alliance (DAPA). Esta organización tenía como propósito servir de sombrilla a todos los profesionales dominicanos y, como tal, ayudar a nuestra comunidad.

Fue mucho lo que trabajé como voluntaria en las escuelas públicas, muy especialmente en aquellas con una población estudiantil mayoritariamente dominicana. En una ocasión, lo recuerdo muy bien, casi lloré. Había sido invitada a pronunciar el discurso central en la ceremonia de graduación de la escuela George Washington, en el Alto Manhattan. Un joven se me acercó, y visiblemente conmovido, me dijo: "Usted siempre nos habló de la importancia de permanecer en la escuela. Gracias a eso, a sus palabras tan inspiradoras, hoy yo me estoy graduando". Ese solo comentario alimentaba mi empeño por servir.

En octubre de 1997, Eddy Martínez, entonces Director Ejecutivo del CEI-RD, convocó para una reunión a varios dominicanos que entonces trabajábamos en el sector financiero de Wall Street. Esta reunión tuvo lugar en el Council of the Americas, en Park Avenue, Nueva York. El señor Martínez quería saber cómo nosotros podíamos ayudar al país. Esta idea ya la había discutido en un encuentro previo con Josefa Sicard-Mirabal, una abogada dominicana muy reconocida en los Estados Unidos. De esta reunión nació Dominicans on Wall Street (DOWS). Esta organización estaría conformada solo por dominicanos que trabajábamos en el sector financiero y legal; tenía como objetivo servir de enlace entre Estados Unidos y la República Dominicana para ayudar, a través de nuestros conocimientos, al desarrollo de los mercados de capitales. De esta organización fui yo su segunda presidenta por un período de cuatro años. La primera fue Josefa Sicard-Mirabal, a quien ya mencioné anteriormente.

Bajo mi presidencia, organicé viajes a la República Dominicana, acompañada siempre de una fuerte delegación formada por dominicanos en posiciones bastante altas en el mundo de Wall Street. Sosteníamos reuniones que incluían al presidente de la nación, a ministros y empresarios. Este viaje era esperado cada año, se había hecho una costumbre. Fue así como me di a conocer profesionalmente en mi país, y en consecuencia, me llamaron algunos años más tarde para dirigir la Bolsa de Valores de la República Dominicana.

Compartiendo en Davos, Suiza, con Steve Forbes: debajo, con Duncan Niederauer, CEO del New York Stock Exchange y quien me invitó a esa ciudad como su colega CEO de la Bolsa de Valores de la República Dominicana.

Con Mary Robinson, presidenta de Irlanda
entre 1990 y 1997.

Con Richard Branson, magnate inglés,
CEO de Virgin Group y uno de los hombres
de negocios que más admiro.

Arriba, con el Gran Pelé durante una de mis visitas a Brasil. Abajo, con Ismael Cala.

CAPÍTULO V

Si la felicidad traza otros planes

Andy y yo teníamos año y medio viviendo juntos cuando decidimos unirnos en matrimonio. En diciembre de 1993 fuimos a pasar Navidad con su familia en Palo Alto, California. Allí todos sabían lo que Andy tramaba, excepto yo. Un 24 de diciembre, estando todos reunidos en la casa, Andy me dijo que quería llevarme a un parque (Foothill Park) donde él siempre iba de niño. A mí me pareció extraña la invitación dada la fecha y porque estaban allí muchos familiares que habían viajado desde diferentes puntos de Estados Unidos. Le dije que me encantaría conocer ese parque pero que no creía que era el tiempo apropiado, en otra ocasión podíamos ir todos juntos. Él insistió, quería mostrarme uno de sus lugares favoritos y mostrarme la increíble vista desde la colina del parque.

Cuando llegamos al lugar, que era privado, el guardia le pidió prueba de su residencia pues solo los locales podían entrar allí. Andy, quien ahora vivía en Nueva York conmigo, no tenía cómo probar que era residente de California. El guardia le pidió su licencia de conducir, a lo que Andy le dijo que se le había quedado en la casa. Ahora sí estábamos en problemas. El guardia le reclamaba que no debería estar conduciendo sin una licencia e insistió en que no nos podía dejar pasar. A Andy se le ocurrió otra idea. Nos dimos la vuelta y nos volamos unos alambres de púa, donde mi abrigo nuevo quedó enganchado. Yo me sentía molesta, muy molesta. No entendía por qué rayos había que conocer Foothill Park precisamente ese día.

Era un parque con colinas hermosas y él quería llevarme a la cima, porque desde allí se podía ver toda la ciudad de San Francisco y, al parecer, era una vista espectacular. Subimos y subimos. Llegó un momento en que yo, ya sin aire y molesta, le dije: "No subo más, la vista desde aquí está bella, ya es suficiente". En ese momento aparecieron frente a nosotros dos venados hermosos y realmente, cuando miré al horizonte, la vista era mágica. En ese momento, Andy se arrodilló y sacó algo del bolsillo. Era un anillo de compromiso. Allí me pidió matrimonio y yo lo abracé y empecé a llorar de la emoción. Ese día fue realmente mágico. El clima estaba perfecto. El sol brillaba, y así me sentía yo por dentro.

Regresamos a la casa, donde todos estaban esperando, conocedores del plan, por supuesto. La madre de Andy me explicó el origen del diamante. Era un anillo con tres piedras preciosas de diamante. Pertenecía a la bisabuela paterna de Andy. Ella, la que se iba a convertir en mi suegra, tenía una; yo era ahora dueña de otra; y la tercera se había perdido. Me sentí más que orgullosa de ser merecedora de dicha piedra. Todos estábamos felices. Fueron unas Navidades realmente maravillosas.

La boda fue pautada para el 2 de julio del año 1994, a las 11:00 a.m. La boda sería en Santo Domingo, en la Parroquia Nuestra Señora de la Paz, la misma iglesia donde algunos años atrás habíamos tenido la ceremonia de mi graduación de bachiller. La recepción sería en el Hotel Santo Domingo, ubicado muy cerca de la iglesia, y donde nos quedamos casi todos. Fue lo único que hice: elegir el lugar. Por supuesto, escogí y compré mi vestido. Mi mamá vivía en Santo Domingo. Le pedí se encargara de la organización. Ella tiene muy buen gusto y le encanta organizar eventos.

En la boda estuvo presente toda mi familia y la más inmediata de Andy: Sus padres y sus hermanos. Asistieron también algunos de sus amigos más cercanos del bachillerato, en California, y nuestros amigos en común de Vassar. También asistieron mis jefes de Deltec, así como otros empleados, colegas míos. Ocupábamos casi por completo el hotel Hispaniola y parte del hotel Santo Domingo. A los invitados del exterior les dijimos que no queríamos regalos. Les sugerimos, en cambio, traer ropa y zapatos. Donaríamos eso a las monjas en Ocoa. Ellas ayudarían a los necesitados en esa comunidad. Muchos así lo hicieron.

Todos llegaron una semana antes de la boda. Planificamos algunos viajes al interior. Creíamos importante que ellos conocieran un poco el país. Era, además, una manera de conocerse entre sí. El primer destino, por supuesto, fue San José de Ocoa, mi pueblo natal. Allí entregamos las donaciones. Fue inocultable la satisfacción que sintieron. Los visitantes tuvieron la oportunidad de jugar pelota con los niños del pueblo, una experiencia maravillosa. Nuestros invitados encontraron espacio para conocer un poco de nuestra historia y visitaron la Zona Colonial. Fueron también al Jardín Botánico y a otros lugares de interés. Y, por supuesto, no se podía prescindir del disfrute de nuestras hermosas playas.

Una de las visitas más memorables para la familia de Andy fue la que hicieron para conocer a Juan Bosch y a su esposa, doña Carmen, quienes nos recibieron con mucho cariño en su casa. Mi suegro, quien se había leído la mayoría de los libros del profesor Bosch, no podía ocultar su emoción.

Llegó el día de la boda. Recuerdo las discusiones mientras me arreglaba. Mi madre había traído a una experta en belleza para que me maquillara y peinara. Era algo que yo no quería, pero insistían en que debía maquillarme para las fotos. Todo el que me conoce sabe que todavía hoy eso es algo que me cuesta mucho. "Es que no soy yo misma", me digo. Cuando me pidieron sacarme las cejas, mi no fue rotundo. No lo había hecho nunca y no lo haría tampoco para mi boda.

Mi madre me entregó el *bouquet* de flores que llevaría en la mano, el cual veía por primera vez y era hermoso. Eran orquídeas de varios colores. A las 11:00 a.m. llegué a la iglesia sonriente. A mi padre se le notaba muy nervioso. "Papi, pero la que se casa soy yo", le dije. No quise llevar velo. No quería nada sobre mi cara, ya con el maquillaje bastaba. Caminé hasta el altar de manos de mi padre, lo hice riéndome y saludando a todos los que hacía tiempo no veía. Todavía hoy veo el vídeo de esa ocasión tan memorable y me río.

Me casó el padre Luis Quinn, el mismo que había casado a mis padres veintiséis años atrás, y quien me había suministrado el sacramento del bautismo. La ceremonia fue muy emotiva. Me sentía bendecida por estar casándome con un amigo a quien amaba, admiraba y respetaba, a quien quería para padre de mis hijos.

Andy quería "una boda típica". Como una manera de hacerle realidad ese deseo, alguien contrató un carruaje para trasladarnos de la iglesia al hotel. No queríamos el servicio de limosina. Al salir de la iglesia, vimos dos caballos. ¡Qué caballos! Parecían no haber comido en semanas. Lo visible de sus costillas delataba su miseria. El que los conduciría vestía un *t-shirt* de los Chicago Bulls. Una de mis tías se moría de vergüenza. Yo me reía a carcajadas, al tiempo que me preguntaba si esos pobres animales tendrían la fuerza necesaria para llevarnos sin contratiempos hasta el destino final, aun sabiendo nosotros que el trayecto era muy corto. Subimos al carruaje y paseamos por las calles, mientras todos nos miraban y los conductores de vehículos hacían sonar las bocinas. ¡Todo un espectáculo!

Para nuestro baile de recién casados escogimos el tema de la película *Aladín*, de Disney, "A Whole New World". Disfrutamos a más no poder. Comimos, bailamos, reímos. No faltaron, por supuesto, las sesiones de fotos. La ceremonia terminó a las 6:00 p.m. En ese momento cayó un diluvio. La misión había sido cumplida: Casarme con quien yo había elegido para ser mi compañero de vida, y hacerlo con toda nuestra gente querida como testigos.

La llegada del primogénito: Yan Diego

En marzo de 1996, Andy decidió irse a España por algunos meses para estudiar español. Entendíamos (era un tema que habíamos tocado muchas veces) que cuando tuviésemos hijos era importante que hablaran español. Estábamos conscientes de que eso iba a ser muy difícil si el padre no lo hablaba. Como yo había vivido durante un año en España, no estuvo en mis planes ir a visitarlo. Quería más bien mis vacaciones para ir a otro lado. Pero, pasado apenas un mes, ya no me aguanté. Extrañaba demasiado a Andy. Entonces decidí cambiar mis planes y viajar a Europa. Lo hice muy bien acompañada: Mis padres, mi hermana menor y mi mejor amiga, Rosa Nurys. Visitamos España, Francia y Alemania. Dos semanas distribuidas en esos tres países. ¡Cómo nos divertimos! Íbamos de un lado para otro libremente, con muy poca planificación. Disfrutábamos cada momento.

A mi regreso, me llevé una grata sorpresa: Estaba embarazada. No podía creerlo. Llamé a Andy para compartir con él la buena nueva. "Me voy, tengo que estar contigo", fue lo primero que atinó a decir. Yo no creía necesario ese apresuramiento. Traté de convencerlo para que terminara las clases que estaba tomando en Barcelona, pero no me hizo caso. Regresó a casa de inmediato.

Mi embarazo fue perfecto. No hubo malestares y me sentí más saludable que nunca. Ni una sola vez me ausenté en el trabajo. Allí estuve cumpliendo mi deber hasta el último día, un viernes de diciembre. Al día siguiente, sábado, le estaríamos dando la bienvenida a Yan Diego.

Andy se había comprado el libro *Qué comer cuando estás embarazada*. Procuraba asegurarse de que yo comiera correctamente todos los días. ¡Cuánto empeño ponía en esto! Sus llamadas al trabajo eran frecuentes. El motivo era siempre el mismo: Preguntarme si había comido bien y para decirme que me amaba. Debo también señalar que Andy me acompañó a cada cita médica.

Otro acontecimiento emocionante para nosotros en esa época fue la compra de nuestra primera casa. A ella nos mudamos unos días antes de yo dar a luz. Ahí queríamos esperar la llegada de nuestro primogénito. Pero faltaba un pequeño detalle. Apenas me comenzaron los dolores, le dije a Andy que yo no iba a dar a luz sin tener un arbolito de Navidad en la casa. Fue así como, sin importarnos el frío brutal de aquel diciembre, salimos a comprar uno. No fue difícil escogerlo.

De regreso a casa, cargando aquel arbolito (bueno, de diminutivo no tenía nada porque era gigante), cada vez que sentía una contracción, debía pararme; el dolor era fuerte. Andy anotaba en un papelito la hora y la duración de cada contracción. ¡Cómo se notaba que éramos primerizos! Los nervios nos traicionaban. A Andy particularmente lo atemorizaba que yo pudiera dar a luz en la calle, pero hubo tiempo de instalar el arbolito. Entonces emprendimos el viaje al hospital Lenox Hill, ubicado en la calle 77 esquina Lexington, en Manhattan. Allí me mandaron a caminar porque, según me dijeron, no estaba lo suficientemente dilatada.

Yo me negaba a que me pusieran nada; quería tener un parto natural. ¡Qué terca! Pasé horas, muchas horas sufriendo dolores antes de que Yan Diego, por fin, se decidiera a salir. Y lo hizo un sábado de diciembre de 1996, un día frío, extremadamente frío. Pesaba 7 libras y 2 onzas. Lo recibimos gozosos. Andy no se separó ni un minuto de mi lado. Fue tanta la dicha que me embargó al tener ese niño en mis brazos, que pude olvidar rápidamente los recientes dolores sufridos. ¡Era madre! Me sentía la mujer más feliz del mundo. No podía dejar de mirarlo. Me parecía el bebé más hermoso que había visto en mi vida.

Con él regresamos a casa. Ahora todo era diferente. Cambió nuestra rutina. Yan Diego no dormía, aparentemente a causa de los cólicos. O mejor debo decir que dormía de día y lloraba de noche. Yo solo lo amamantaba. Vivía exhausta; parecía una zombi. Pero era feliz, inmensamente feliz. Para calmar al bebé en las madrugadas, Andy le ponía un CD del gran artista dominicano Fernandito Villalona y lo paseaba de un lado a otro, eso era lo único que lo calmaba.

Me tomé cuatro meses de licencia de maternidad y disfruté a mi hijo cada día. Como ya mencioné, solo le daba el seno, así que me era muy fácil viajar. Aproveché ese tiempo volando a Santo Domingo, California y la Florida a visitar familiares. Pero el tiempo pasa volando, y esa vez no fue la excepción.

Regresé al trabajo y tenía que dejar al niño. Se me partía el corazón. Esta vez hice un cambio de horario. Como no había en mi oficina un lugar apropiado para extraer la leche de mis senos, salía a las 4:00 p.m., mientras antes lo hacía a las 6:00 p.m. Un día, a uno de los jefes se le ocurrió preguntarme cuándo yo volvería a trabajar a tiempo completo. Le di una mirada que hubiera podido partirlo en dos. Le contesté con otra pregunta: "¿No es tiempo completo trabajar de 7:00 a.m. a 4:00 p.m.?" Y agregué categóricamente que volvería a trabajar más horas cuando dejara de amamantar a mi bebe, algo que (le hice saber) decidiría yo.

Ser mamá me hizo una mejor persona, mejor profesional, me convirtió en un ser humano más compasivo y más efectivo. No quería perder tiempo. En las tardes solo quería que llegara la hora de regresar a casa para tener en mis brazos el regalo más preciado que Dios me había dado. Nada, absolutamente nada se podía comparar con el papel de madre. Era la mayor de todas las bendiciones.

La felicidad extrema sus límites: Maya Isabel

Tres años más tarde, era el verano del año 1999, cuando quedé embarazada por segunda vez. Yo soñaba, anhelaba fervientemente el premio de tener una niña. Así que mi felicidad no pudo ser mayor cuando el sonograma, sin que cupiera ninguna duda, indicó que había en mi vientre una criatura de sexo femenino y, más importante aún, completamente sana.

Transcurrieron los meses, volaron. Esta vez también mi embarazo fue perfecto. No sentí malestar alguno. Y, como en la ocasión anterior, asistí a mi trabajo hasta el último día sin que hubiera una sola ausencia. Ya escribí del comportamiento de Andy durante mi primer embarazo. Nada cambió con el segundo. Insistía (¡cuánto insistía!) en que comiera bien. Me acompañaba a cada cita médica. Quería tomar parte activa en todo el proceso, y yo apreciaba mucho el apoyo que él me daba.

Durante este segundo embarazo, yo había decidido volver a la universidad. Me había propuesto hacer una maestría en Negocios, un MBA. Sabía que, si alguna vez cambiaba de carrera, tener ese diploma me sería de mucha ayuda. Igual, si no cambiaba, esa credencial sería de mucha utilidad. Eso, estaba consciente, me abriría otras puertas.

Llevar un embarazo, tener un niño pequeño y trabajar a tiempo completo resultaba agotador. Pero ahora era imperioso agregar otro esfuerzo más: Debía estudiar, y mucho, para tomar y aprobar el GMAT, examen obligatorio para solicitar y ser aprobada en una maestría de Negocios en los Estados Unidos. Además del GMAT, las universidades me exigían haber tomado una clase de cálculo, lo cual nunca había hecho. Yo no tenía tiempo de inscribirme para ir a tomar esa clase en la universidad, así que, para someterme a un examen y probar que estaba calificada, mi suegro desde California y por teléfono me daba una hora diaria de clases. Fue así como aprendí cálculo. Recuerdo que una noche, como a la una de la madrugada, tuve uno de esos momentos donde dices: "Guao, ya lo entendí". Le dije a Andy: "La belleza del cálculo es..." Y él solo respondió: "Oh mi Dios, creo que me casé con mi papá".

Yo solicitaba en varias universidades. Debía trabajar completando todas las solicitudes. Fue agotador, pero estaba determinada a hacer mi propia jugada. Mi futuro lo moldeaba yo. Mi jefe conocía de mis planes. Muy gustoso, me escribió una carta de recomendación. ¡Buenísima! Si me aceptaban, yo daría a luz en marzo, y ya no regresaría a trabajar. Así fue. Me aceptaron en tres de las cuatro universidades a las que había solicitado.

Y llegó el día esperado, hermoso pero frío, muy frío, a principios del mes de marzo. ¿Cómo no recordar los detalles? Estábamos de pasadía donde una pareja amiga, los Herasme-Lugo. Todavía hoy nos seguimos tratando como si fuéramos familiares muy cercanos. Tenían ellos dos razones para celebrar: Bautizaban a su hija Demi, y lo hacían al cumplir la niña su primer año de vida.

Según estimaba el doctor, Maya nacería al día siguiente, pero los dolores no se hicieron esperar y amenazaron con aguarme la fiesta. Terminada la ceremonia religiosa, nos fuimos a festejar. Y entonces comenzaron. Andy estaba muy nervioso, me pedía, o mejor dicho, me rogaba que nos marcháramos. Estaba convencido de que "con el segundo bebé el nacimiento es más rápido", pero yo argumentaba que si me iba al hospital, me enviarían a caminar. Yo, francamente, prefería bailar. Y eso fue precisamente lo que hice todo el día, bailar a más no poder, moverme al ritmo de merengue, salsa y bachata. Bailé hasta los anuncios. A veces tenía que parar, el dolor fuerte de alguna contracción me obligaba. No faltaron las bromas. Don Rafael, el papá de mi amiga Mery, me decía: "Este traje es nuevo, me lo vas a manchar si das a luz aquí".

Por supuesto, mi capacidad para soportar dolores no es ilimitada. Cuando estos se hicieron muy fuertes y las contracciones más frecuentes, nos fuimos al hospital, el Lenox Hill, el mismo donde había nacido nuestro primogénito. Al día siguiente, a principios de marzo del año 2000, bajo un frío que calaba los huesos, le dábamos la bienvenida a Maya Isabel, una criatura adorable, de 6 libras y 14 onzas. Me acompañaron en la sala de parto Andy y mi hermana Larissa. Yo más feliz no podía sentirme. Tenía ya una parejita, un niño y una niña. Y, ¿por qué le llamamos Maya Isabel? Andy y yo queríamos nombrarla con nombres de mujeres fuertes y a quienes admirábamos. Así que nos decidimos por los nombres de dos de nuestras escritoras favoritas: Maya Angelou e Isabel Allende. Es increíble cómo hoy Maya, con 17 años, es una increíble escritora.

Mis suegros se habían trasladado desde la costa oeste, donde vivían. Querían ayudarnos durante las primeras semanas. ¡Cuánto lo agradecí! También contaba, por supuesto, con la ayuda de mis padres, quienes vivían bastante cerca de nosotros.

El regreso a la casa con Maya fue un acontecimiento, sobre todo para su hermanito, Yan Diego. Estaba fascinado con ella, aunque una semana más tarde, teniendo yo a Maya en mis brazos, me preguntó con la inocencia propia de su edad: "Mami, ¿cuándo la bebé va a regresar a su casa?" ¡Cómo me reí! Fue tan gracioso y tan tierno. Le expliqué, por supuesto, que ella se quedaría para siempre con nosotros. La idea no pareció entusiasmarlo, pero muy pronto se acostumbró.

En el año 2000 visité la Universidad de Michigan. Debo admitir que lo hice más bien por complacer a Andy. Su hermana vivía en Ann Arbor. Si yo iba a estar estudiando, él quería permanecer cerca de algún familiar que le diera cierto apoyo con los niños. Yo sabía que esa universidad era muy buena. Su clasificación era número dos en ese momento y año tras año venía siendo ubicada dentro de las primeras diez. Con todo y eso, yo francamente no tenía ningún interés en mudarme al Midwest, donde el frío me golpearía más aún. Prefería seguir en Nueva York.

Allí estábamos establecidos, teníamos nuestra casa, nuestros trabajos, la nana, la escuela de Yan Diego.

Teniendo Maya apenas tres semanas de nacida, fui a Ann Arbor. Yo tenía mis planes, pero el destino me preparaba otra cosa. Me fue muy fácil enamorarme de la universidad, de los profesores, de los administradores, y de quienes serían mis futuros compañeros, todos muy inteligentes, pero no pretenciosos, sumamente humildes. Supe de inmediato que allí yo encajaba. Regresé a Nueva York. Mis planes habían cambiado. Desistí de ir a la New York University. Me decidí por Michigan. Además de la buena impresión que tuve allí, me habían ofrecido una beca completa a través del Consortium for Graduate Study in Management. El monto: US$70,000. Era una propuesta difícil de rechazar.

Vendimos nuestra casa. Después de ocho años ininterrumpidos en el trabajo, me marché y nos movimos a Ann Arbor, Michigan. Yan Diego tenía tres años y Maya apenas seis meses. Nos acompañaba Juana, nuestra niñera dominicana; ella era considerada ya parte de la familia.

Para mí, para mi familia también, hubiese sido mucho más fácil quedarnos en Nueva York, en nuestra área de confort, pero pensé más allá. Me arriesgué. No permití que el miedo ni las dudas se apoderaran de mí. Hice un cambio radical en mi vida. No me arrepiento. Fue una decisión correcta. Los cambios por lo general son buenos. Te ayudan a crecer, te enseñan a darte cuenta de que eres capaz de hacer más, muchísimo más de lo que crees. Definitivamente sales más fortalecida del proceso.

El día de mi boda con mi hermana Larissa Dorianny,
quien fue mi dama de honor.

Celebracion de nuestra boda en julio 1994.

Con mi princesa Maya a sus 3 añitos, en Seattle, EEUU.
Abajo, Yan Diego y Maya en Disney World.

Arriba, Yan Diego y Maya con 8 y 5 años,
en New York; abajo, Yan Diego, Maya y yo
en Newport, Rhode Island, 2017.

Arriba, Maya y yo durante su graduación de bachiller
en Portsmouth Abbey School, mayo de 2017. Abajo,
Yan Diego y Maya con amigos, mientras participaban
en una actividad para recaudar fondos para Haití, 2010.

Arriba, Maya y yo durante la fiesta de celebración
de sus 15 años. Abajo, foto familiar durante
la primera comunión de Maya.

Capítulo VI

El sueño respeta a quien se atreve

Hablar de mis dos años (2000-2002) en la Escuela de Negocios de la Universidad de Michigan, hoy llamada The Stephen Ross School of Business, es hablar de momentos extremadamente difíciles, de incontables sacrificios, no solo para mí, sino para toda la familia. Fueron muchas las lágrimas derramadas, pero la experiencia vivida fue, sin duda alguna, extraordinaria y enriquecedora.

La llegada a Ann Arbor se produjo a finales de agosto del año 2000. Yo sabía que un programa de MBA era exigente, pero no imaginaba cuánto. Comenzamos en el mes de septiembre y fue inmediatamente extenuante. Por un lado, estaban las exigencias académicas y los múltiples eventos con reclutadores de diferentes empresas; por el otro, el hecho de tener yo dos niños pequeños en la casa, uno de ellos recién nacido. De 400 alumnos, solo dos éramos madres. Andy me llevaba a Maya para darle el seno entre una clase y otra. Vivíamos en *family housing*, casas que proveía la universidad para los estudiantes con familia. Nos apoyábamos mutuamente, a eso le dimos gran importancia.

Muchos de los trabajos había que hacerlos en equipo. Pasado muy poco tiempo, pedí a mis amigos hacer las reuniones en mi casa. Buscaba así ver más a los niños. ¡Qué hermosas y fructíferas amistades las que allí se forjaron!

¡Cuánta solidaridad! Sherwin Prior, por ejemplo, casi siempre me llevaba a la casa, así Andy no tenía que salir a recogerme, ni yo me veía obligada a esperar por el autobús bajo un clima inclemente. Disponíamos de un solo carro. Como si la situación no fuera todavía suficientemente difícil, pasados apenas unos meses, Juana, nuestra niñera, nos manifestó que extrañaba mucho a su familia en Nueva York y quería regresar. La entendimos, así que Andy se quedó solo con toda la responsabilidad de la casa y de los niños. ¡Mi héroe! Mis días eran largos, demasiado largos, y más de una vez lloré desesperada. Me faltaba tiempo para dormir. Asistir a clases, participar en todos los eventos, preparar los casos de estudio, amamantar a una bebé, ser madre y esposa, todo era absorbente. Me faltaba tiempo, y en ese momento sentía que nunca me podría quitar la capa de la mujer maravilla porque, de hacerlo, le fallaba a mucha gente.

Hay algo en lo que uno se enfoca desde el primer día cuando se está haciendo un MBA (por lo menos en Estados Unidos y si lo haces a tiempo completo): Conseguir el trabajo perfecto para el verano (la pasantía). Lograr esto podría ser la puerta de entrada para un trabajo permanente después de la graduación. Claro, no siempre resultan ciertas las expectativas. Empeñada en recibir una buena oferta para la pasantía, y siempre con la mirada puesta en un futuro prometedor, yo había asistido a una conferencia del Consortium for Graduate Study in Management. Allí me entrevisté con Goldman Sachs. Entre otras, de ese banco de inversiones recibí la oferta deseada. Trabajaría en la división de Renta Fija, Currencies & Commodities, en la ciudad de Nueva York, durante el verano de 2001. Yo estaba muy, pero que muy feliz. Tenía una preocupación menos.

Llegó el verano de 2001 y tuve que trasladarme a Nueva York sin la familia, que se quedó en Michigan. ¡Qué difícil fue tomar esa decisión! El sacrificio era enorme para todos, pero en conjunto lo decidimos. Yo trabajaría de lunes a viernes en Nueva York; los fines de semana los pasaría con la familia, así que fue un volar constante entre las dos ciudades. Los viernes, apenas terminaba mi compromiso laboral, me trasladaba a Michigan. El encuentro con la familia premiaba con creces la angustia de los días de ausencia. Los domingos en la noche estaba de regreso en Nueva York, así tenía que ser porque todos los lunes a las 7:00 a.m. teníamos un examen.

Sacrificio al máximo, de ese modo podría calificar la situación. Nunca había trabajado tanto en mi vida, ni había sentido el día a día tan estresante. Éramos treinta y cuatro los pasantes, todos seleccionados de las mejores universidades de la nación. Al final del verano, solo un reducido grupo recibiría una oferta para regresar. De eso estábamos todos conscientes. El programa era intenso. Su duración, diez semanas, en las cuales uno rotaba por igual número de mesas, tratando, esforzándose al máximo para absorberlo todo. Cuando hablo de mesas, me refiero a los diferentes productos que se transaban en el mercado: Derivados, hipotecas, *commodities*, mercados emergentes, etc. Esas rotaciones tenían doble propósito: a) Saber cada quien al final qué le gustaba más para decidir de manera más consciente dónde solicitar. b) Que el personal de la mesa te pudiera evaluar y decidiera hacerte o no una oferta de trabajo.

En ese programa de verano había que estar dispuesto a aprender cuanto se pudiera. Pero eso no era todo; era necesario impresionar, demostrar que uno era capaz, merecedor de una oferta de trabajo permanente.

Consecuentemente, surgió la competencia y la frialdad que esta conlleva. El ambiente parecía decir: "Sálvese quien pueda".

Recuerdo una conversación breve, pero interesante, con una compañera del programa. Enterada ella de que yo no participaba en las actividades de los fines de semana, y sabiendo las razones, me preguntó, quizás con la mejor de las intenciones, si eso no podría hacerme más mal que bien. No pensé dos veces la respuesta: Quien me diera trabajo, debería emplearme con el paquete completo. Yo era primero madre, luego todo lo demás. Si Goldman Sachs no quería a la mamá, esta mamá no quería a Goldman Sachs. Tan simple como eso. Muchos no entendían mi actitud, pero yo tenía claras mis prioridades, sabía lo que quería. A mis hijos no los sacrificaría por ningún trabajo.

Y llegó el final de ese verano agotador. Debíamos decidir cuáles eran nuestras tres mesas favoritas. Si había disponibilidad nos entrevistaban antes de marcharnos. Regresamos a nuestras respectivas universidades en septiembre de 2001. Llevábamos solo la promesa de que en un mes sabríamos los resultados de esas entrevistas, seríamos informados si habíamos sido seleccionados o rechazados. No tuve que esperar un mes. La buena noticia llegó antes: Goldman Sachs me hacía una oferta de trabajo a tiempo completo, una vez graduada.

Era esa una de trece ofertas recibidas desde diferentes puntos geográficos de los Estados Unidos. Lehman Brothers y Bear Stearns también me hicieron ofertas. Fue bastante fácil decirle que no a Bear Stearns. Me invitaron a pasar el día con ellos, pero ya para las 10:00 a.m. yo sabía que nunca podría trabajar en aquel ambiente tan perversamente competitivo. A Lehman me fue mucho más difícil decirle que no aceptaba su oferta. El número dos de aquella institución me dijo que él iba a trabajar en reclutarme para Lehman hasta su retiro. Se sintió muy bien tal halago, pero unos años más tarde, cuánto me alegré de no haber aceptado aquella oferta tan tentadora pues Lehman Brothers desapareció con la crisis de 2008 debido a todas las malas decisiones que tomó.

La oficina de Career Placement de la Universidad tenía un programa llamado *i-impact* que te asignaba puntos. El estudiante los utilizaba para pedir ser entrevistado por una determinada empresa. No quiero pecar de inmodesta, pero nunca necesité hacer uso de ese programa. Me llegaban las ofertas de manera inesperada. Las empresas tenían acceso a nuestro CV, sabían de nuestra experiencia, conocían nuestro perfil. Creo que, basados en ese conocimiento que tenían, nos llegaban las invitaciones a cenar y a diferentes eventos. La conversación con el reclutador podía ser larga, durar casi toda la noche. Y ni cuenta uno se daba de que estaba siendo entrevistado. Luego te contactaban. Podía ser una invitación para visitar el lugar donde estaba ubicada la empresa. O, en el mejor de los casos, para hacerte una oferta formal de trabajo. Esto, por supuesto, no era lo común.

Mi segundo año fue menos estresante. Ya sabía exactamente lo que haría, cuál sería mi destino una vez graduada. La Universidad de Michigan tiene varias escuelas: de Negocios, de Leyes, de Medicina, de Administración Pública, etc. Tomar clases en cualquiera de ellas es una de las ventajas que te ofrece el MBA y yo estaba decidida a aprovechar esas oportunidades. Mi empeño en aprender y crecer no sabía de límites. Fue así como participé en un programa de dos semanas en Cuba. Maravillosa experiencia. En tan corto tiempo, creo que aprendí lo que no hubiera conseguido en dos años en un aula universitaria.

Muy fructífero fue también el programa del que fui partícipe en Alemania. Este, con tres semanas de duración, se desarrolló en WHU Business School, en la ciudad de Koblenz.

Durante ese semestre también ocurrió una tragedia personal. Mi tío más cercano, Pascual, hermano menor de mi papá y quien me había salvado la vida de niña, murió después de haber sido atropellado por un motor en nuestro pueblo. Sentí tanta rabia, tanta indignación, tanto dolor, y más aún, por no poder asistir al funeral y estar con la familia.

Ya para el último semestre, se presentaba otra oportunidad y yo no la quería desaprovechar. Tenía la opción de irme a otra universidad, en otro país, cumpliendo un programa de intercambio. El destino escogido fue la Universidad de ESADE, en Barcelona, España. Cerramos la casa en Ann Arbor, empacamos y nos marchamos. ¡Qué aventura! Yo había alquilado un apartamento a través de Internet. Lo había visto en las mejores condiciones. Pero, ¡qué sorpresa nos llevamos! Fue muy distinto lo que encontramos. Aquello se estaba cayendo a pedazos. Exigí que me buscaran otro, no podía estar allí con dos niños pequeños; no me parecía un lugar seguro. Me mudé entonces a un apartamento menos amplio, no podría decir que bello y además un poco apartado, pero al menos todo funcionaba.

Asistía a clases de lunes a jueves. Los fines de semana los dedicábamos a pasear. Andy visitaba todos los museos, siempre acompañado por los niños. A petición nuestra, mi mamá fue a pasarse algunos meses con nosotros y esto nos permitió a Andy y a mí escaparnos los fines de semana, generalmente a otros países del continente europeo. Vivimos momentos inolvidables.

Regresamos a Ann Arbor para mi graduación. También se graduaban los niños. Había un programa llamado Baby MBA Club. Andy era su co-presidente y el único hombre miembro. Haciendo el MBA había muchos papás; madres éramos solo dos, de eso hice mención antes. La escuela sabía la importancia de los niños, había conciencia de cuánto ellos se habían sacrificado también. Tuvieron su graduación en una emotiva ceremonia. El mismo rector les entregó un pergamino de reconocimiento por su sacrificio en este proceso. Yo recibí el diploma con mi hija de dos años en los brazos. Eso fue un honor, un privilegio. Me sentí altamente bendecida. Para mí fue sumamente especial el poder contar con la presencia de toda mi familia. Estaban mis padres y mis hermanos; también sobrinos, primos y cuñados, y no faltaron tampoco mis mejores amigos. Me alegró mucho que ellos fueran testigos de ese logro que tanto sacrificio me había costado.

En ese momento no me imaginaba que años más tarde llegaría a formar parte del Board of Governors de la universidad por seis años y que regresaría para dar varios discursos. Fui la oradora principal para la Primera Conferencia Anual de la Asociación Hispano/Latina de Negocios en Michigan, en noviembre de 2009; igual responsabilidad me tocó en la Celebración Latina, la ceremonia de graduación para los estudiantes latinos en la Universidad de Michigan, en abril de 2010. Y, tal vez lo más inolvidable, la invitación a dar el discurso a la clase de la Escuela de Negocios que se graduaba en 2011. Para mí era una forma de devolver a la universidad todo lo que había recibido de ella.

Fueron dos años difíciles, muy difíciles. Lo fue especialmente el primero. Más de una vez me cuestioné, me preguntaba si había valido la pena tan enorme sacrificio, tantas noches sin dormir, el cansancio permanente, las muchas lágrimas derramadas. La respuesta siempre fue la misma: Yo estaba determinada a conseguir mi MBA, no permitiría que nada ni nadie tronchara ese sueño. Las circunstancias, por más adversas que parecieran, no iban a decidir mi futuro. Seguir adelante, siempre enfocada en una mayor superación, esa era la única opción y la perseverancia es una de mis características. Debo proclamar una cosa: Esto no hubiese sido posible sin el apoyo constante e incondicional de Andy.

La solidaridad se manifestó también en el final. Varios amigos nos ayudaron a empacar y a llenar el camión. Era tiempo de regresar a Nueva York. Entre gastos de escuelas y viajes habían desaparecido nuestros ahorros. No había dinero para comprar casa, así que alquilamos. La zona escogida fue Forest Hills Gardens, uno de los secretos mejor guardados de Nueva York, lugar exquisito, con casas preciosas, árboles gigantescos y parques. Es un área muy tranquila en el Condado de Queens, a veinte minutos del centro de Manhattan. Comenzaba así una nueva etapa.

Pero primero nos tomamos libre el verano de 2002, nos lo merecíamos y lo necesitábamos. Disfrutamos mucho en familia y viajamos.

En Goldman Sachs

Y llegó el día esperado con una mezcla de júbilo y ansiedad. En el mes de septiembre comencé a trabajar en Goldman Sachs, en la división de Renta Fija, Currencies & Commodities. Esto no era ya una pasantía, era *the real deal*. Los nervios parecían adueñarse de uno. Éramos pocos los elegidos. Eso mismo contribuía a ponernos una presión inmensa. Y había otro escollo que vencer: la licencia. Sin ella no estaba permitido hacer ninguna transacción, ni siquiera hablar con clientes, así que allí también había que estudiar, y mucho. Era estrictamente necesario prepararse para aprobar los exámenes de lugar, solo así se obtenía la licencia. Los exámenes eran dos: los denominados Serie 7 y Serie 63. Recalco: Quien reprobaba esas pruebas, no podía trabajar. Inimaginable la presión que sentíamos.

Al examen Serie 7 había que dedicarle un día completo. Como comenté, ya yo lo había aprobado cuando comencé a trabajar en Deltec, pero la licencia se pierde de manera automática una vez que dejas de trabajar para una institución calificada, así que no tenía otra opción. Estaba ante un nuevo reto. Debía enfrentarme nuevamente a otra prueba difícil y no me amilané. El sacrificio fue grande, muchas las horas de estudio. Aprobé los exámenes, podía ya trabajar como empleada normal. Una vez más experimenté la satisfacción de saberme vencedora.

¡Qué locura! ¡Cuánta presión! Difícil describirla. La experiencia ahora era completamente diferente a la que había tenido durante mis años de trabajo en Deltec. En este último, yo era cliente de bancos como Goldman Sachs. Ahora me encontraba en el otro lado de la mesa, debía lidiar con clientes como Deltec. Antes yo manejaba el dinero y decidía dónde invertirlo. Ahora mi responsabilidad era otra: Convencer a los clientes para que invirtieran a través de nosotros.

Algo también diferente entre mi trabajo anterior y el que ahora comenzaba era el título, la posición. Quizás sea cierto aquello de que a veces hay que dar un paso atrás para tomar impulso. En Deltec yo era vice-presidenta. A Goldman llegaba como asociada (una posición por debajo). En esa posición nos encontrábamos todos los egresados del programa de MBA. Hablé y hablé. Creía merecerme una posición superior, pero fueron inútiles mis argumentos. Yo entraría como otra asociada cualquiera. Acepté. Sabía que Goldman Sachs me abriría muchas puertas. Estaba consciente de que con ese nombre en mi CV ganaría mucha credibilidad. Si había tenido el título de vice-presidenta, me dije, lo tendría nuevamente. Además, un aprendizaje allí me sería altamente beneficioso.

Esos años fueron muy duros, de grandes, enormes sacrificios. El trabajo era intenso, el día demasiado largo. Me faltaba tiempo para dormir lo necesario. Supe entonces, más que antes, de mi extraordinaria capacidad de resistencia, de mi gran fuerza de voluntad. Fui consciente de cuánto era capaz de dar para alcanzar la meta soñada.

Mi día empezaba a las 4:00 a.m., cuando me levantaba para tomar una hora más tarde un autobús expreso que me dejaba muy cerca de Goldman Sachs, en la parte baja de Manhattan. A las 6:00 a.m. en punto comenzaba mi trabajo. ¿Que había mal tiempo? ¿Que el frío te calaba los huesos? ¿Que la tormenta invernal azotaba? No había excusas. Allí debía estar a la hora señalada y ponerme inmediatamente al día con todo lo acontecido en los otros mercados para entonces transmitir estas informaciones, a través de un artículo, a todos los demás. No era precisamente tiempo lo que me sobraba. Ese artículo debía estar disponible para que todos lo leyeran inmediatamente llegaran. Y eso ocurría a las 7:00 a.m. Ese era el "beneficio" de ser la nueva.

Todas las mañanas teníamos una conferencia. Cada mesa informaba sobre los acontecimientos más importantes, uno se ponía al tanto de lo que hacía cada departamento. Nos comunicábamos los casos relevantes, las transacciones importantes. Esto se hacía por teléfono en alto parlante, pero podían oírte, sin exagerar, miles de personas. ¿Cómo olvidar mi primera vez exponiendo en una de esas conferencias? Temblaba. Escribí lo que tenía que decir, pero el nerviosismo era inevitable. ¿Qué tal si me equivocaba? ¿Se reirían de mí? Pero una vez más saqué todo mi coraje, respiré profundamente y lo hice. Sobreviví. Vinieron muchas otras ocasiones, y siempre lo hice sin titubear, muy segura de mí misma. Es más, me ofrecía como voluntaria cuando otros, por alguna razón, no podían.

Todo el día se debía estar atento a las noticias, hablar con los *traders*, contactar a los clientes y atraerte a otros convenciéndolos del valor que tú agregabas, haciéndoles ver las ventajas de invertir a través de ti. Era necesario salir con clientes y participar en diferentes eventos. Estoy hablando de días de 15 horas, si incluyo el viaje de ida y vuelta desde la casa.

Para mí, trabajar en ese importante banco de inversión, uno de los más prestigiosos de los Estados Unidos, fue como volver a la universidad. Para eso estaba la Goldman Sachs University. Ahí había para escoger clases de un amplio currículo. Para sobrevivir allí se requería una fortaleza extraordinaria. Tal como se ve en las películas, todos nos sentábamos en un salón abierto, en filas, uno al lado del otro, con varias pantallas al frente, y varios teléfonos a nuestra disposición. No nos desprendíamos de los auriculares, ni siquiera había tiempo para levantar y colgar el teléfono en cada llamada. Algunos gritaban, palabras obscenas incluidas, rompían teléfonos, peleaban. Era su reacción cuando algo no salía tal como se esperaba. Incontables fueron las veces que encontré a mujeres, sobre todo jóvenes, llorando en el baño. El ambiente allí no era para todo el mundo. Debías estar "probándote" todo el tiempo. ¡Desgastador, así lo podría calificar! Se llegaba al final del día extremadamente agotado, sin energías, pero no me arrepiento de haber vivido esa experiencia. Todavía me digo: "Si sobrevives allí, eres capaz de sobrevivir en cualquier otro lado". Alguna gente me ha preguntado si había drogas en ese ambiente, como nos lo presenta el cine. Debo admitir que eso nunca lo vi.

No me canso de señalar que mi aprendizaje en Goldman Sachs fue invaluable, y me siento profundamente agradecida por la oportunidad que se me brindó y que supe aprovechar. Fui líder voluntaria en muchos programas. En algunos de ellos, muy selectivos, sobre liderazgo, tuve el privilegio de ser escogida. Participaba en interesantes paneles. Me involucraba en todo lo que contribuyera a mi crecimiento profesional. Me asignaron la responsabilidad de estar a cargo de los pasantes de verano, y fui nominada (y luego seleccionada) para Women's Career Strategies Initiative (WCSI), un programa de desarrollo para mujeres asociadas. Seis meses era su duración y proveía herramientas importantes, de gran ayuda, para construir un plan de carrera para los años siguientes y cómo manejar ese plan. Participar en ese programa le daba a uno acceso a la firma completa, incluyendo a los directivos del más alto nivel, y te ofrecía, además, una red de contactos impresionante. Resumiendo, te enseñaban paso a paso todo cuanto debías saber para llegar adonde quisieras, para subir hasta el último peldaño de tu carrera profesional. Participar en ese programa fue una de las experiencias más enriquecedoras en Goldman Sachs.

En 2004 fui seleccionada por la *Revista Latina* como "Latina garantizada a inspirarte", título que quizás suena raro en español, pero esa es su traducción: Latina *Guaranteed to Inspire You*.

Me considero dichosa, muy afortunada. Tenía jefes que me apoyaban, que confiaban en mí, que veían mi potencial y no mostraban ningún temor en darme más y más responsabilidades, las que yo también asumía sin miedo alguno. A pesar de los muchos sacrificios de esos años trabajando en Goldman Sachs, no los cambiaría por nada. Me enseñaron, y yo lo asimilé, que era capaz y mucho más fuerte de lo que pensaba. Y eso que ya mis convicciones sobre mi capacidad y mi fortaleza eran muy grandes.

Arriba, disfrutando de un juego de fútbol en el estadio de la Universidad de Michigan; abajo, con mis padres el día de la graduación del MBA en dicha institución, abril de 2002.

Arriba, con mi hija Maya de dos años en brazos,
feliz de recibir mi diploma del MBA en la Universidad
de Michigan, abril de 2002. Años más tarde, abril de
2011, tuve el honor de dar el discurso a los graduandos
junto a mi querido amigo Al Leandre.

MUJERES ON THE
VERGE

A first-time novelist, an aspiring astronaut, an environmental activist: In honor of Women's History Month, meet 10 Latinas—all under 35!—who have set out to change the world.

IN THE MONEY Darys Estrella Mordan may work on Wall Street, but her heart is still with Latin America.

Growing up in the Dominican Republic, Darys Estrella Mordan says, she saw firsthand how economies operate. For example, there would be periods when basic goods such as rice, potatoes, bread, or eggs would become wildly expensive, even as her family's income stayed the same. "It was the kind of stuff that a kid in the U.S. wouldn't know," she says, "but over there, it was part of our daily life."

No surprise, then, that Darys, 34, chose a career that gives her the chance to change the way Latin American economies operate. As president of Dominicans on Wall Street (DOWS), Darys—an associate in the fixed-income currency and commodities division of New York brokerage firm Goldman Sachs & Co.—shares her financial expertise with corporations in her native country, helping them to expand their businesses. And in her previous job at Deltec Asset Management, Darys met with the likes of "President Chávez in Venezuela, President Menem in Argentina, and finance ministers" to determine opportunities for U.S. investors.

But Darys, who majored in Hispanic studies at Vassar College and received an M.B.A. from the University of Michigan, isn't all business. At the end of the day, she can't wait to get home to her husband, Andrew Wilson; son Yan Diego, 7; and daughter Maya, 4. "I hear 'Mommy,'" Darys says, "and I forget about everything else." —Grace Bastidas

Darys Estrella Mordan, dominicana de 34 años, trabaja para una de las más importantes compañías de Wall Street. Parte de su trabajo consiste en asesorar a empresas en vías de expansión en su país de origen. En puestos anteriores, ha tenido contacto con varios presidentes y ministros de finanzas de América Latina. Dice que es un trabajo con mucha presión porque hay grandes cantidades dinero en juego. Darys es casada y tiene dos hijos.

84 LATINA MARCH 2004 www.latina.com

Portada de la revista de la Universidad de Michigan y artículo en la revista *Latina Magazine*.

Durante mi discurso a los estudiantes
latinos/hispanos de la Universidad de
Michigan, 2010.

Capítulo VII

Si es tercero, también se llama felicidad

Trabajando en Goldman Sachs salí embarazada por tercera y última vez. Dios me bendijo dándome otro embarazo perfecto. Al tercer mes, comunicamos la buena nueva a Yan Diego y a Maya y se alegraron muchísimo. Al quinto mes, teniendo ya los resultados de la sonografía, les dijimos que sería un hermanito. Yan Diego se mostró muy feliz, Maya no tanto. "Mami, ¿no podemos cambiarlo por una hermanita?", me preguntó muy seriamente. Le expliqué que no se podía, pero ella insistía. Quería tener una hermanita.

Es indescriptible el estrés que sufría por entonces. Tratando de enfrentarlo, me dispuse a hacer ejercicios los fines de semana. Tomaba clases de tenis los sábados. Los domingos me iba al gimnasio para tomar clases de *step*. Mantuve esa rutina durante todo el embarazo. El tenis me lo prohibieron dos semanas antes de dar a luz porque yo quería alcanzar y golpear cada pelota y alegaban que el niño podía nacer en la cancha, lo que los exponía a una demanda. En el gimnasio me mantuve hasta el último domingo antes del parto.

Con este embarazo no fui tan estricta como en las dos ocasiones anteriores. Es cierto que las más de las veces consumía alimentos saludables, pero si un día, por ejemplo, me antojaba de chicharrones, eso comía. Tenía dos bebés saludables, me decía, y ahora no sería diferente. Recuerdo que el doctor quería hacerme un procedimiento que se llama amniocentesis por el hecho de que acababa de cumplir yo los 35 años. Con el terror que tengo a las jeringuillas, me rebelé y le dije que no. Mi bebé sería perfectamente saludable.

Una semana antes de dar a luz, me hice el último sonograma. Todo estaba bien, me informaron. El bebé pesaría más o menos lo mismo que los dos anteriores. Eso me dijeron. Pero, ¡qué equivocados estaban! Un día, a finales de enero del año 2005, con una de las peores tormentas invernales que yo recuerde, comencé a sentir las contracciones. En eso parece que se pusieron de acuerdo los tres, llegaron cuando el frío no podía ser peor (diciembre, enero y marzo). Esta vez había caído tanta nieve que nos preocupamos sobre cómo llegar al hospital.

Con este embarazo yo me sentía más relajada. "El tercero sale prácticamente solo", eso era lo que pensaba, pero no podía estar más equivocada. El trabajo de parto esta vez fue mucho más difícil. Por más que pujaba, la criatura se negaba a salir. Exhausta, oí claramente cuando el doctor decía: "Señor Wilson, si este bebé no sale en cinco minutos, tendremos que decidirnos por una cesárea". Mis partos anteriores habían sido normales y yo no quería que este fuera diferente. No aceptaría una cesárea a menos que esa fuera la única opción. Así que me dije a mí misma: "Tú puedes", y continué con las pocas fuerzas que me quedaban. Nació por fin Javier y nos dimos cuenta entonces de por qué tantas dificultades para salir: ¡9 libras!, ese era su peso, el mismo que tenían mis hijos anteriores después de un mes de haber nacido. Parecía un gigante. Se me hacía difícil entender cómo de mi cuerpo diminuto podía salir una criatura de semejante tamaño.

Esta vez no fue diferente: Amor a primera vista. ¿Hay acaso algo comparable al amor de madre? Yan Diego y Maya eligieron el nombre de Javier. Su segundo nombre, Alberto, fue una manera de honrar a mi padre.

Tal como hice en las dos ocasiones anteriores, esta vez también me tome cuatro meses de maternidad, tiempo que aproveché para viajar con la familia, la mayor parte del tiempo a la República Dominicana.

No aguanto más

Apenas habían transcurrido unos meses del nacimiento de Javier, y yo me sentía abrumada. La jornada extremadamente larga de trabajo no me permitía disfrutar de mis hijos como yo quería. Era un ritmo de vida inaguantable. Tomé entonces la decisión de renunciar a mi posición. Llegué un lunes temprano a la oficina y hablé con mi jefe. Me sinceré con él explicándole cómo me sentía. Muy gentilmente me pidió no tomar una decisión en ese momento. Él hablaría con sus superiores y verían qué hacer.

Durante mis años allí yo había trabajado muy de cerca con el departamento de Recursos Humanos y con la oficina de Diversidad e Inclusión. Entrevistaba a personas, participaba en paneles dentro y fuera de la oficina. Era ya muy conocida y se tomó entonces la decisión de transferirme a Recursos Humanos. Mi responsabilidad sería reclutar personal para el departamento al que yo había renunciado. Era la situación ideal. Mi horario sería "normal", y en ese departamento yo sería muy útil, tomando en cuenta que había acumulado mucha experiencia como voluntaria, además de que yo tenía el conocimiento técnico para saber si la persona que entrevistaba realmente sabía sobre Renta Fija.

A mucha gente se le hacía muy difícil entender ese paso que yo estaba dando. ¿Cómo podía cambiar un trabajo tan prestigioso, con un potencial de ingresos mucho mayor, por otro en Recursos Humanos? El primero era un centro de generación de ingresos; el segundo, un centro de costo. Tenía sentido esa inquietud, pero yo estaba decidida a dar ese paso. Ni el dinero ni el prestigio eran lo más importante. Mi prioridad era entonces disponer de más tiempo para compartir con la familia.

Asumí con entusiasmo mi nueva responsabilidad. Unos seis meses más tarde se suponía que sería promocionada a vice-presidenta. No fue nada grata la sorpresa que me llevé, alegaron que tenía muy poco tiempo en el departamento. Me tomarían en cuenta para la promoción del año siguiente. Me sentí mal, muy mal, indignada, adolorida como si me hubieran dado una fuerte bofetada. El golpe se sintió doble. Había tenido que comenzar como asociada por el solo hecho de haber llegado a través de un programa de MBA, y ahora, algo que me parecía muy injusto, no me promovían. Mis evaluaciones eran muy buenas.

No oculté la rabia que sentía, pero la decisión ya estaba tomada. Mi nombre no apareció en la lista de promovidos. Lloré. No me valoraban, eso era lo que creía, hasta pensé en marcharme a otro lugar. Pero esta vez también aprendí. Lo que en ese momento yo entendía como un fracaso fue otra lección importante. Nada es para siempre, me dije ya calmada, y decidí enfocarme en el lado positivo. No me promovieron, pero por primera vez desde que trabajaba en Wall Street lo hacía solo de lunes a jueves, de 9:00 a.m. a 5:00 p.m. ¡Fabuloso! Había conseguido hacer realidad lo que en esa etapa de la vida era mi prioridad. La promoción sería solo cuestión de tiempo.

En Recursos Humanos se abrió una vacante en el Departamento de Diversidad e Inclusión. Me atraía esa posición, estaba más acorde con lo que quería hacer. Ni corta ni perezosa, hablé con mi nueva jefa para decirle que quería cambiar y el porqué. Me entrevisté y fui seleccionada. Gracias a Dios que Goldman Sachs era una empresa que estimulaba el crecimiento y el movimiento de la gente. Comencé a trabajar con un equipo maravilloso. Me sentía muy a gusto. Estaba ahora a cargo de todo cuanto tuviera que ver con los hispanos. Parte de mi responsabilidad era innovar para no solo reclutar sino retener el talento latino. Y allí, créanme, había mucho que hacer.

Mi trabajo en ese departamento fue una hermosísima y fructífera experiencia. Y, tal como eran mis expectativas, llegado el tiempo de promoción, mi nombre apareció en la lista de los agraciados. Lección aprendida. Nunca debes tomar decisiones apresuradas, no se debe actuar por impulso, mucho menos empujado por sentimientos de ira. Si yo me hubiese marchado de Goldman Sachs, me habría perdido la oportunidad de trabajar con gente maravillosa y de aprender mucho más de lo que en un principio imaginé. A veces, solo a veces, hay que dar un paso atrás para tomar nuevos y más decisivos impulsos.

En los años siguientes volvería a Goldman Sachs varias veces para participar como oradora principal o en paneles sobre temas que tenían que ver con el avance de la mujer en el mundo corporativo, como "Obteniendo el éxito bajo tus propios términos" o "Perspectivas desde arriba", entre otros.

El príncipe de la casa, Javier Alberto, en las Dunas de Baní.

Los niños en el Jardín Botánico de Santo Domingo, 2009. Abajo, con Javier en el colegio, durante la celebración del Día de las Madres, 2008.

Arriba, celebrando los 4 años de Javier, 2009; abajo,
la familia disfrutando de una visita a Disney World.

Arriba, Javier y yo en la Plaza de la Revolución,
Cuba, abril de 2017. Abajo, foto familiar
en uno de mis lugares favoritos en Santo Domingo,
el Jardín Botánico.

Arriba, visita a Butchert Gardens, en Victoria,
Canada, 2009. Abajo, nuestra aventura
al Pico Duarte, agosto de 2017.

Los niños compartiendo
con Juan Luis Guerra.

Capítulo VIII

El Santo Domingo que siempre estuvo

Era un día como otro cualquiera en el otoño del año 2006. Me encontraba en Atlanta, en uno de mis tantos viajes de negocios, cuando recibí una llamada telefónica del señor William Malamud (Bill), quien era, y sigue siendo, vicepresidente ejecutivo de la Cámara Domínico-Americana y, en ese entonces, miembro del Consejo de Directores de la Bolsa de Valores de la República Dominicana (BVRD). Su llamada tenía que ver con eso. Él me conocía muy bien por el trabajo que yo había realizado como presidenta de Dominicans on Wall Street (DOWS). La BVRD buscaba a una persona para la importante posición de CEO. El candidato o la candidata, según señalaban los miembros del Consejo, debía reunir las condiciones necesarias para relanzar esa entidad y llevarla a otro nivel.

La llamada me tomó por sorpresa. Agradecí muchísimo que hubiesen pensado en mí y me tomaran en cuenta para tan importante posición pero, obviamente, necesitaba detalles, así que le pedí al señor Malamud que me hablara un poco sobre la BVRD, de la posición, lo que implicaría, etc. Me dio algunas, solo algunas informaciones. De interesarme, me contactarían para ofrecerme más detalles.

Yo me sentía feliz en Goldman Sachs. Me encantaba el equipo con que trabajaba, me fascinaba lo que hacía.

Aun así, decidí entrevistarme, ¿qué podía perder? Lo peor que podía pasar era que no me dieran el trabajo, y yo tenía uno muy bueno. Tuve mi primera entrevista vía telefónica. Fueron dos los entrevistadores. Prueba superada. Me invitaron luego a volar desde Nueva York a Santo Domingo. Ahora el encuentro con algunos de los miembros de la Junta de Directores sería cara a cara. Ya en la capital dominicana tuve varias entrevistas (desayunos y almuerzos). Me hablaron del incipiente mercado dominicano, del cual ya sabía lo suficiente. Me dieron explicaciones sobre la estructura de la BVRD y me hicieron saber lo que ellos querían lograr y cuáles eran sus expectativas con relación al nuevo o la nueva CEO.

Regresé a Nueva York algo emocionada, pero no convencida del todo. Yo trabajaba, ya lo dije antes, para uno de los bancos de inversiones más prestigiosos del mundo. Dejar una posición en Goldman Sachs para trabajar básicamente en un *start up* no era una decisión fácil de tomar. Verdad que la BVRD tenía ya veinte años de existencia pero, aun así, se encontraba en pañales. Podría decir que todavía, a nivel de volumen e impacto financiero, su operación era insignificante. Sin embargo, llegada la hora de tomar una decisión, fue esta precisamente mi motivación mayor. Yo podía, de eso estaba convencida, levantar la organización, llevarla a un nivel muy superior.

Ya de regreso en Nueva York, recibí la oferta formal. El paquete económico que me ofrecían no llenaba mis expectativas. De una cosa estaba consciente: Lo que ofrecieran no se podría comparar con mis ingresos en Goldman Sachs. Pero, como se dice popularmente, ni tanto ni tan poco. Comenzó entonces el proceso de negociación. Redactar y revisar contratos. Nos tomó algún tiempo. Finalmente, creo que en el mes de febrero, si mal no recuerdo, acordamos que yo empezaría a trabajar en el mes de abril. Era el año 2007. Hasta el mes de julio trabajaría dos semanas en Santo Domingo y dos en Nueva York. Ya para entonces, terminado el año escolar, la familia estaría lista para la mudanza.

Hablé inmediatamente con mi jefa. Se sintió feliz. Lo mismo puedo decir de todo el personal de mi departamento y de los más altos ejecutivos de la empresa. Todos se alegraron por mí. Les hice saber sobre mi decisión con dos meses de anticipación. Cada día alguien venía a mi oficina para felicitarme. En la última semana tuve una gratísima sorpresa: Una emotiva fiesta de despedida en un restaurante del área cercana, por South Street Seaport. Fue aún mayor la sorpresa al contar en esta fiesta con la presencia de los más altos ejecutivos, quienes hablaron deseándome lo mejor, augurándome éxitos en mis nuevas funciones. Hasta bromearon pidiéndome que no dejara de tomarles luego las llamadas. Se sentían muy orgullosos de mí, me dijeron, al tiempo que me hacían saber que las puertas de Goldman Sachs estarían siempre abiertas si algún día yo decidía regresar. Me hicieron sentir querida de más, valorada de más, apreciada de más. El que no me hubieran promovido cuando yo quise había quedado en el olvido.

Nuevamente surgieron las dudas acerca de mi conducta. ¿Cómo es posible que renuncies a Goldman Sachs para irte a ganar centavos a la República Dominicana? Esa era la pregunta que muchos me hacían. Tengo que admitir que la diferencia de salario era, como se dice, del cielo a la tierra. Realmente era una decisión riesgosa, pero soy de las que creo que quien no se arriesga, no consigue nada. Nunca antes yo había manejado una empresa. Pero, ¿qué importaba eso? Tenía algunas experiencias acumuladas:

Había presidido una ONG, había sido miembro de un Consejo de Directores, había tenido personal bajo mi mando. El resto lo aprendería en el camino. Ahora tampoco permitiría que las dudas ni el miedo me paralizaran.

Cierto que, analizada esta decisión desde el punto de vista económico, parecía una locura, pero era muy cierto también que se me presentaba la oportunidad de marcar la diferencia, de regresar a mi país y aportar el conocimiento acumulado durante quince años en Wall Street. Yo haría historia. Sería la primera mujer CEO de una Bolsa de Valores en América Latina. Todos mis colegas eran hombres.

Hubo también otra motivación para decidirme a trabajar en mi país. Quería dar a mis hijos la oportunidad de conocer sus raíces, su cultura, su idioma. Estaba empeñada en que ellos no solo hablaran bien el español, sino también que lo escribieran y leyeran correctamente. Ese era el idioma que se hablaba en la casa.

Sobre esto tengo una anécdota muy cómica. Cuando mi hijo Yan Diego me hablaba inglés, yo siempre le respondía: "Mami no entiende; debes hablarme en español". Una mentira piadosa, por supuesto, pero era una manera de obligarlo a pensar en español para comunicarse. Un día, contando él con 5 años y viviendo nosotros en Michigan, me oyó hablar en inglés con unos amigos mientras compartíamos en la sala de la casa. Es seguro que me había oído antes, pero quizás no se había percatado hasta ese momento. Salió corriendo mientras llamaba a su papá y gritaba alborotado: "Papi, papi, mami *learned English*" (Papi, papi, mami aprendió inglés). Yo no podía contener la risa. Aproveché entonces el momento para darle una explicación: Yo sí hablaba inglés pero era muy importante que él y Maya hablaran bien el español, entre otras razones, por respeto a mi origen dominicano y para que pudieran comunicarse con sus familiares, la mayoría de los cuales no hablaba inglés. Creo que mi mamá me hubiese matado si no se podía comunicar con sus nietos.

En el mes de abril del año 2007 me mudé a Santo Domingo. Viajé solo con Javier, que entonces tenía dos años de edad. Yan Diego y Maya, como debían terminar el año escolar, se quedaron con su papá en Nueva York. Yo estaría con ellos, como dije antes, dos semanas de cada mes. Me quedé en el apartamento que le había comprado a mi madre en Gazcue. El 11 de abril de 2007 llegué a la Bolsa de Valores de la República Dominicana como la nueva CEO y así comenzó un nuevo capítulo en mi vida.

Cinco años en la BVRD

Tenía la BVRD sus oficinas ubicadas en el primer piso de la Torre Empresarial, en la avenida John F. Kennedy, de la ciudad de Santo Domingo. Me recibieron algunos miembros del Consejo de Directores y me presentaron el equipo de trabajo que estaba heredando como empleados. Nunca antes había estado en ese lugar; mis entrevistas se habían producido siempre en otras oficinas y en restaurantes.

Debo confesar, ante todo, que la gente era muy agradable. Buenísima impresión para comenzar. El lugar, extremadamente tranquilo, algo también a mi favor. Yo venía de un banco con miles y miles de empleados, el ruido allí era extremo, y todos nos sentábamos justo unos al lado de los otros, excepto cuando me moví para Recursos Humanos. Pues me encontré de repente en un lugar sumamente tranquilo y en una oficina que, comparada con la que había dejado en Nueva York, parecía más bien un palacio.

"Esto no me parece una bolsa de valores; se asemeja más a un cementerio", me decía para mis adentros. Hube de acostumbrarme a ese silencio.

Mi primera tarea, lógicamente, fue empaparme de todo: Leer las actas de todas las reuniones de los consejos en los años anteriores, conocer a todo el equipo de trabajo, ver y estudiar los estados financieros, saber quiénes eran los jugadores del mercado, etc., etc. Ponerme al día en todo eso me llevó algunos meses. Me veía inundada con todo tipo de reuniones. Yo necesitaba conocer a todo el mundo, y esa gente a su vez quería conocer a la persona que ahora encabezaba la BVRD. Para mí era de vital importancia saber quiénes podían ayudarme y cuáles instituciones podrían ser mis aliadas.

Debo admitir que, a pesar de ser dominicana, el choque cultural fue tremendo. Pensé, esa es la verdad, que la transición sería más fácil. Recuerdo, por ejemplo, mi primera semana en el país, tratando de conducir mi vehículo. ¡Qué locura! Pensé que no sobreviviría. En más de una ocasión estuve a punto de sufrir accidentes que pudieron ser fatales. Nadie me había advertido que, cuando el semáforo cambia la luz a verde, no puedes seguir. Debes esperar (todavía es así) por aquellos conductores que siguen su marcha con la luz en rojo.

¿Y qué decir de las reuniones? Asumí que cada una se daría a la hora señalada. Pero no, no era así. Un día, lo recuerdo muy bien, regreso apuradísima a la oficina después del almuerzo. Tenía una reunión programada para las 3:00 p.m. Pasa el tiempo y las personas no llegan; tampoco llaman. A las 3:45 p.m. se presentan en mi oficina como si nada hubiese pasado. El mensaje que les hice llegar, a través de mi secretaria, fue muy claro: La reunión estaba pautada para las 3:00 p.m., debían coordinar otra y la próxima vez llegar a tiempo. "Doña Darys, ¿es en serio?", preguntó mi secretaria, quien pensaba que yo bromeaba. "Claro que es en serio", le respondí. "Acabo de perder 45 minutos de mi tiempo". Lección aprendida.

Otra cosa tuve que aprender: Muchos evitan decir que no para evadir las confrontaciones. A veces te dicen que sí, aunque no tengan la intención de hacer lo que les pides. ¿Cómo saber cuándo un sí es realmente un sí? ¿O si equivale más bien a un quizás o a un no? ¡Qué complicado! ¿El ritmo de trabajo? Todo, mucho, muchísimo más lento. "Darys, no estás en Nueva York, no trabajas ahora para Goldman Sachs", me decían algunos, aconsejándome disminuir el paso. Tal vez, lo admito, quería implementar cambios de manera muy rápida.

¿La forma de escribir los correos electrónicos? En Goldman Sachs había sido entrenada para escribir mensajes de tal manera que fueran directamente al grano, de lo contrario, nadie los leería. Aquí había que saludar, preguntar por la familia, despedirse. Me tomó algún tiempo, pero esto también lo aprendí. Lo fundamental fue que heredé a gente muy buena, deseosa de aprender. Este personal se fue ampliando en la medida que fuimos creciendo.

Y llega mi primer gran desafío: Llevar a cabo el evento de la Asociación de Bolsas de Centroamérica y el Caribe (BOLCEN). La República Dominicana sería la anfitriona. Había sido pautado para celebrarse en el mes de noviembre del año anterior y por falta de inscripciones se hizo necesario cancelarlo esa vez. Cuando llegué en abril, apenas había 14 personas inscritas para participar. El evento ya estaba programado para el mes de mayo. Se celebraría en Casa de Campo, en la ciudad de La Romana. Estábamos contra el tiempo, contábamos con menos de dos meses para organizar un evento de tanta importancia. ¿Qué

hacer? ¿Cancelarlo nuevamente o proceder a su realización? Opté por la segunda opción. Reuní a todo el personal y le hice saber cuánto necesitaba de su ayuda.

Contacté a todas las Bolsas de Valores y a los Puestos
de Bolsa para presentarme y "venderles" el porqué debían
participar. Utilicé, por supuesto, a todos mis contactos.
Durante ese mes el trabajo se extendió muchas veces hasta altas horas de la noche. Nadie se quejó. Fue maravilloso
el trabajo en equipo. El resultado no pudo ser mejor. El
evento fue todo un éxito y superó la asistencia de eventos similares organizados por BOLCEN. Todos, anfitriones
e invitados, quedamos más que satisfechos. Esto, consecuentemente, me permitió comenzar con buen pie. Gané
credibilidad inmediata porque el reto fue grande y pudi-
mos superarlo. Nos sentíamos felices, muy felices. Era, así
lo considerábamos, el éxito de todos.

Una de mis prioridades era dar a conocer la BVRD y
democratizarla. Quiero decir con esto hacerla asequible a
todos. Hacía énfasis en la importancia de ahorrar e invertir.
Me parecía necesario acabar el misterio con que muchos
veían una bolsa de valores. Comencé entonces a contactar
a los medios de comunicación con el objetivo de difundir y
capacitar. Concedía entrevistas frecuentes a la televisión,
a la radio y a la prensa escrita. Ofrecí charlas en la mayoría de las universidades de Santo Domingo y Santiago.
Coordiné talleres para la prensa. Fue muy valiosa toda la
colaboración recibida. La BVRD comenzó a ser un *trending
topic* y yo me mantuve siempre trabajando con todos mis
grupos de intereses: el Consejo de Directores, los Puestos
de Bolsa, los medios de comunicación y los reguladores.

En el año 2010 nos hicimos miembros de la Federación
Iberoamericana de Bolsas (FIAB). Cuando asistimos a
su asamblea anual, en la ciudad de El Salvador, solici-

tamos que se escogiera la República Dominicana como sede para la celebración de la asamblea correspondiente al próximo año. Los directores no ocultaban sus dudas. Éramos nuevos y el país muy pequeño. "¿Estás segura?", me preguntaban, enfatizándome que era un gran compromiso. No me amilané, insistí. La delegación encargada de tomar la decisión nos visitó en la República Dominicana. Querían entrevistarnos y verlo todo con sus ojos. Nos dieron el sí.

El evento se llevó a cabo en Punta Cana. Otro éxito rotundo. Fue la asamblea de mayor asistencia en los treinta y ocho años de historia de la FIAB. Quedó demostrado una vez más cuánto se puede lograr cuando se aúnan esfuerzos, cuando se trabaja en equipo. Mis empleados sabían, porque yo lo repetía cada día, que el éxito de cada evento, de cada transacción de la BVRD, era también el éxito de ellos, de todos.

Puedo afirmar categóricamente, sin pecar de inmodesta, que bajo mi dirección en la BVRD fueron muchos los logros alcanzados:

- Reforzamos el sistema tecnológico y restructuramos el Departamento de Operaciones, incentivando y promoviendo el financiamiento a través de la Bolsa de Valores, como otra alternativa de capitalización y/o captación de recursos.

- En gestión con las autoridades del mercado, así como con los Puestos de Bolsas, propusimos y promocionamos la democratización del mercado, para que un mayor número de inversionistas pudiera tener acceso a estos productos. A manera de ejemplo, señalo que antes de mi llegada el mínimo requerido para invertir en la bolsa era más o menos US$20,000. A mi salida, ese mínimo era apenas RD$1,000.

- Fue para esta época también cuando los títulos pasaron de ser meros documentos físicos (pedazos de papel) a convertirse en bonos desmaterializados (electrónicos). Fue algo histórico. Esto incrementó la liquidez del mercado de manera exponencial. Antes de mi llegada, el volumen transado apenas había alcanzado los RD$1,674.30 millones. A mi salida, al cierre del mes de marzo, en el año 2012, el volumen del trimestre había sido de RD$14,335.45 millones. En el año 2011, las transacciones se habían disparado a RD$70,519.52 millones.

- Por otra parte, el mercado secundario (MS), el espacio de negociación que proporciona liquidez, vital para la valoración constante de los instrumentos vigentes en este mercado, apenas representaba alrededor de un 7% a mi llegada. A mi salida, comprendía casi un 90% del volumen transado.

Los cinco años como CEO de la BVRD fueron de mucho aprendizaje. No los cambiaría por nada. Me vi obligada a lidiar muchas veces con situaciones críticas. Debía trabajar con gente e instituciones que poseían intereses disímiles. Más de una vez hube de tomar decisiones que no dejaban complacidos a todos. Me convertí en mediadora y me tocó dirigir a un equipo con muy pocos recursos, e incentivarlo para que, aun así, diera lo mejor. Todo esto me enseñó y me fortaleció.

Galardones y reconocimientos

Durante esos cinco años recibí muchos galardones y reconocimientos. En 2008, tuve el honor y el privilegio de ser seleccionada como Joven Líder Global por el Foro Económico Mundial. Todavía hoy, soy la única mujer dominicana con ese galardón y espero pronto dejar de serlo. Esto me ha permitido participar como panelista o moderadora en muchos eventos celebrados alrededor del mundo.

Recuerdo una llamada importante recibida a finales de 2008. Su procedencia: La BBC de Londres. Durante el encuentro del Foro Económico Mundial en Davos, Suiza, esta cadena televisiva tenía un panel que, junto al de CNN, era de los más vistos. Querían entrevistarme para ser parte de una audiencia exclusivamente formada por CEOs. El tema escogido: "Liderazgo ágil". La entrevista duró unos 45 minutos. A la semana, dijeron, me harían saber si había sido seleccionada o no. Y llegó la llamada. Para mi sorpresa, no solo había sido escogida, me querían como panelista. No lo pensé dos veces, acepté sin titubeos. Me atreví y fue una experiencia increíble.

Llegado el día, me moría de los nervios. Pero tan pronto se encendieron las luces y empezaron las preguntas, me calmé. Éramos cinco los panelistas: el fundador de Wikipedia, el CEO de British Telecom, una dirigente política de Singapur, el jefe de la Iglesia Anglicana en Sudáfrica y esta mujer, oriunda de un país pequeño del continente americano. El moderador fue el reconocido Nik Gowing, de la BBC. El panel, por supuesto, estaba siendo televisado. Me encantó la experiencia.

Ese mismo año de 2008 fui invitada a Providence, Rhode Island, en los Estados Unidos. Allí recibiría el premio como Profesional del Año otorgado por la Mesa Redonda Domínico-Americana, al igual que un reconocimiento por el Congreso de los Estados Unidos.

En 2009 siguieron los reconocimientos. En ese año se celebró en Madrid, España, el evento "Ágora latinoamericana: 100 voces diferentes, un compromiso común". Fui invitada a participar por el Gobierno de ese país como una de las cien líderes latinoamericanas. Orgullosamente, yo representaría a la República Dominicana, junto a otros cinco compañeros de diferentes sectores. El objetivo: discutir sobre el crecimiento económico en América Latina, tomando en cuenta la inclusión social.

Junto con Sonia Sotomayor, hoy Honorable Jueza de la Suprema Corte Federal de Estados Unidos, y Soledad O'Brien, reconocida periodista de CNN, fui seleccionada por el *Diario La Prensa* entre las "Top 25 Latinas" en Nueva York, Nueva Jersey y Connecticut.

Por la revista *Latin Trade* fui escogida como una de las "40 jóvenes CEO en Latinoamérica que hay que tener bajo el radar". Recibí la medalla al mérito por la Asociación de Mujeres Empresarias y Ejecutivas en Santo Domingo.

En el año 2011, la Fundación BMW celebró una conferencia sobre inclusión social con la participación de 40 jóvenes líderes latinoamericanos. El lugar escogido: Buenos Aires, Argentina. En esta ocasión también representaba a la República Dominicana.

La revista *Santo Domingo Times* me incluyó en la lista de "Los 10 más influyentes en la República Dominicana". Fui también incluida por varios años consecutivos por la revista *Mercado* en la lista de "Mujeres de éxito y poder".

Acepté siempre esos reconocimientos con mucha humildad, empeñándome en ser una digna embajadora para poner en alto el nombre de mi país.

Y como todo tiene su fin, en abril de 2012, cumplidos los cinco años en la BVRD, me marché hacia un próximo proyecto: Trabajar como vice-presidenta empresarial para INICIA, una firma administradora de activos. Esto significaba un cambio radical en mi vida, que daba un giro de 180 grados. Comenzaría algo que no había hecho nunca antes y mi voz interior esta vez también me decía: "Atrévete". Así lo hice y ahí estuve trabajando hasta el año 2017.

Julio de 2007, en el aeropuerto John F. Kennedy de New York,
rumbo a nuestra nueva aventura: la mudanza
a Santo Domingo.

Arriba, portada de la revista *Hispanic Professional*, 2007; abajo, portada de la revista *En Sociedad*, 2009.

Arriba, portada de revista *En Sociedad*; abajo, publicación en el periódico *Hoy* al ser seleccionada en el ranking de Latinvex de las 100 empresarias más importantes en América Latina, junto a otras cuatro dominicanas.

Delegación de dominicanos seleccionados por el Gobierno español para participar en Ágora 2010, Madrid, España.

Arriba, visita al New York Stock Exchange (Bolsa de Valores de New York), encabezando una delegación de dominicanos durante Semana Dominicana en EEUU. Abajo, con el cantante Carlos Vives en Cartagena, Colombia.

En una de las tantas celebraciones de despedida que me hicieron en la Bolsa de Valores de la República Dominicana, marzo de 2012.

Capítulo IX

Ser uno mismo, eso es coraje

El año 2012 fue de transición para mí y eso me produjo mucho estrés, tanto en lo laboral como en lo personal. Cambiaba de trabajo. No solo era que me iba a otra empresa, dejaba atrás todo cuanto había sido mi campo de acción hasta ese momento. Como ya dije anteriormente, hacía un giro de 180 grados. Decidí dedicarme al mundo que tiene que ver con la sostenibilidad, algo totalmente nuevo para mí. Dejé atrás el mundo de los mercados de valores. Era un nuevo y enorme reto el que me imponía.

Había, además, decisiones importantes que tomar en mi vida personal. Ya no me sentía feliz con mi matrimonio. Muy poca gente lo sabía y esto debía terminar, pero era inevitable el cuestionamiento. ¿Acaso no iría a cometer un error? Pesaba mucho el hecho de tener una familia preciosa. Sin embargo, puse también en la balanza mi derecho a ser feliz. Realmente me tomó mucho tiempo dar el gran salto, decidir divorciarme, pues te cuestionas todo, afloran los sentimientos de culpabilidad, piensas en los hijos, en el mucho tiempo compartido. Tomada finalmente la decisión, familiares y amigos estaban en un estado de *shock*. Para todos, éramos la pareja perfecta. Y sí, lo afirmo categóricamente, lo fuimos por muchos años. No me arrepiento de nada.

Algunos vieron mi divorcio como un fracaso. Para mí, en cambio, fue otro capítulo más, doloroso pero necesario. No me arrepiento de haberme casado con mi mejor amigo, de haber estado junto a él por tantos años. Mucho menos me arrepiento de haberlo escogido como padre de mis hijos. Hoy Andy sigue siendo uno de mis mejores amigos. Con él puedo contar en todo momento; y eso, lo aseguro, es recíproco.

Es decir, tomé una decisión extremadamente difícil, pero sigo creyendo que fue la correcta. Yo tenía derecho a ser feliz. Busqué ayuda cuando más la necesite. Fui a terapia por primera vez en mi vida. Conté con el apoyo de la familia y de las amistades. Todo pasa en la vida, ninguna situación es permanente, hasta el dolor más grande es pasajero. Mis hijos, como es lógico suponer, sufrieron al principio, pero pronto lo aceptaron. Yo estoy disfrutando inmensamente esta nueva etapa de mi vida. Disfruto todo lo que me apasiona: Pasar tiempo de calidad con mi familia y con los amigos, viajar, correr, bailar, leer, escribir. Tantas cosas hago que a veces me parece que le faltan horas al día.

Muchos se preguntan sorprendidos cómo puedo tener tan buena relación con mi exesposo. Y la respuesta es otra pregunta: ¿Cómo no tenerla? Andy es parte de mi biografía, una persona con quien he compartido gran parte de mi vida y de quien he recibido siempre un gran apoyo. Es un hombre con unos valores inquebrantables y es, además, el padre de mis tres tesoros. No, no veo ninguna otra opción que no sea apoyarnos mutuamente. Cierto que se acabó el amor de pareja, pero el cariño y respeto se mantienen.

¡La vida es tan frágil! Y además, muy corta. Es poco el tiempo en este mundo. Sintamos la obligación de ser felices, disfrutemos aquellas pequeñas cosas que nos proporcionan alegría. Seamos valientes en la adversidad. Esto muy bien me lo enseñó mi hermana Larissa Dorianny, a quien le fue diagnosticado un cáncer de mama en septiembre de 2015. Para mis padres, para mí y para el resto de la familia fue esta una noticia sumamente dolorosa, devastadora. "¿Por qué a ella?", me preguntaba. "¿Por qué no a mí?" Pero la actitud de mi hermana fue siempre positiva, la de quien se sabe vencedora y está consciente de poder encontrar dentro de sí la fuerza necesaria para no dejarse dominar por la enfermedad.

¡Cuánto coraje! ¡Qué lección nos dio a todos! Me sentí afectada como si el diagnóstico me hubiera sido dado a mí, pero ella se mantuvo siempre alegre. Hasta en el momento mismo de recibir el tratamiento de quimioterapia mostraba una fortaleza poco común, admirable. Tuve la oportunidad de acompañarla a algunas de esas sesiones. Y créanme, ver aquello resultaba deprimente. Pero mi hermana, valiente como ella sola, bailaba zumba en la sala de espera, contagiando a los demás pacientes, quienes se preguntaban, asombrados, cómo ella lo hacía.

Me acabo de enterar de que el cáncer ha vuelto. Esta vez en los huesos y con mucho dolor. Y mi hermana sigue con la misma actitud de siempre: La de una guerrera, una luchadora hasta el final, con una fe inquebrantable. De eso se trata la vida. Siempre encontrarás obstáculos en el camino. Tu actitud, lo que decidas hacer al respeto, eso es lo que importa.

Y yo decidí que tenía que dedicar tiempo a mí misma, que debía hacer algo distinto. Eso de ser siempre la mujer maravilla, dispuesta en todo momento para los demás y dándome a mí muy poco, debía cambiar. ¿Qué podía hacer?, me preguntaba una y otra vez. ¿Aprender un deporte nuevo? No creía disponer del tiempo necesario. Para el otoño de ese año 2012, me encontraba en Copacabana, Río de Janeiro. Me llamó la atención ver allí a tanta gente haciendo ejercicios frente a la playa. Unos montaban bicicleta, otros patinaban, jugaban *volleyball*, levantaban pesas. Y no faltaban los que simplemente corrían. Me fijé especialmente en esto último. Fue como si me estuvieran enviando un claro mensaje. "Yo puedo correr", me dije, "solo necesito empacar un par de tenis, unos pantalones cortos y *t-shirt*". Me pareció muy fácil.

Inmediatamente que regresé a Santo Domingo, averigüé quién me podía entrenar, pues me gusta hacer las cosas bien. Me dieron el nombre de Cristina Matos. La contacté y se ofreció para entrenarme a las 5:30 a.m. en el Parque Mirador Sur. Creí no haber entendido bien. ¿Había dicho 5:30 de la tarde? Me recalcó: "5:30 de la mañana". Le agradecí, lo pensaría, le dije. No entraba en mis planes levantarme tan temprano; mucho menos salir de mi casa a esa hora. Pero, la verdad, no podía dejar de pensar en ese propósito. Pasaron dos semanas, hasta que finalmente me pareció oír otra vez el "atrévete", y me decidí. Así llegué al grupo de corredores Los Titanes.

El primer día me moría del miedo manejando en horas de la madrugada. Para mi sorpresa, el lugar estaba repleto de gente que caminaba, corría o montaba bicicleta. Con el acto de correr fue un amor a primera vista. No lo había hecho nunca antes y empecé, lógicamente, con pasos lentos. Importante es hacer notar que el grupo me hizo sentir bienvenida de inmediato.

Algunos de Los Titanes se preparaban entonces para correr el Medio Maratón de Miami (21 km). Sería en enero de 2013. Yo, muy atrevida, le pregunté a mi *coach* si podía entrenar para participar. ¿Su respuesta? "Vamos a prepararte para una carrera de 5 km primero; después hablamos de los 21". Pero yo insistí. Me dijo entonces que si seguía religiosamente las instrucciones, lo podría hacer. Me inscribí y seguí las instrucciones al pie de la letra. En enero de 2013 llegué a Miami y fue entonces cuando verdaderamente me enamoré de ese deporte. ¡Disfruté tanto el correr por las calles de Miami! Fue indescriptible el sentimiento, la euforia que me provocaba oír tocar a las diferentes bandas musicales, escuchar a la gente gritar infundiéndome ánimo, compartir con mis compañeros de asfalto. Fue para mí, lo aseguro, una experiencia completa, indescriptible, inolvidable.

Al llegar a la meta, me dije: "Me atreví y lo logré". E, inmediatamente, me fijé la siguiente meta. Si ya había logrado con éxito correr el medio maratón, nada ni nadie me detendría para hacer los 42 km la próxima vez. Mis amigos se reían, pensaban que estaba definitivamente loca pero creo que todos necesitamos un poco de locura. Así soy, un poco loca. Necesito mantener siempre una meta que me incentive a levantarme cada día y dar lo mejor de mí.

Seguí corriendo, entrenaba enfocada en una nueva meta: Correr el maratón de Nueva York en noviembre de 2013. Debía levantarme a las 4:45 a.m. tres días a la semana: Lunes, miércoles y viernes. Algunos sábados, cuando nos tocaba fondo (distancias más largas), había que estar en pie a las 3:30 a.m. para comenzar a correr media hora después. Había una razón para entrenar tan temprano: Era necesario terminar antes de la salida del sol, cuando ya se hacía más difícil correr debido al calor y la humedad. Creo que solo los otros locos que también corrían podían entender por qué lo hacíamos. Los sábados, ya a las 7:00 a.m. habíamos completado 26 o 30 km.

Participé durante el año en muchas carreras diferentes: 10 km, 15 km, 21 km, 30 km, etc. Fueron meses de intenso entrenamiento, de mucho sacrificio, pero también de grandes satisfacciones. No faltaron los momentos divertidos y se forjaron amistades valiosas, que aún hoy se mantienen.

Faltaba aproximadamente un mes para el maratón, que debía correrse en la ciudad de Nueva York en noviembre de 2013, cuando me vi afectada por una fuerte bronquitis. El neumólogo no ocultó su preocupación, fue sincero y me dijo que probablemente yo no podría correr para la ocasión. Aquello me derrumbó, lloré. Tanto que había entrenado y ahora no podría hacerlo. Una semana antes del maratón me inyectó cortisona y me sentí como nueva. Me decidí a correr, era bastante numeroso el grupo de dominicanos que participaría en ese maratón.

Y llegó el día esperado, la emoción era desbordante. Nos reunimos en un lugar de Manhattan, y desde allí, utilizando transporte privado, nos trasladamos a Staten Island, donde comenzaría la carrera. La espera fue de algunas horas y bajo una gélida temperatura de cero grados Celsius, que se sentía menos siete con el factor viento. En este maratón se recorren los cinco condados de la ciudad: Staten Island, Brooklyn, Queens, El Bronx y Manhattan.

Comenzó la carrera y partimos todos juntos. Era notable el entusiasmo. Los del grupo poco a poco nos fuimos separando, cada quien tenía un ritmo diferente. Mi estado de salud no era el mejor; aun así, salí con buen pie. Aproximadamente en el kilómetro 16 sentí molestias en el pecho y una tos amenazante. Esto no me detuvo y pude seguir sin mayor inconveniente. Cruzamos la marca de los 21 km y aún podía mantener mi paso normal. A partir de ahí ya todo fue diferente. Los efectos de la bronquitis se hacían sentir y me amenazó un fuerte dolor en el pecho, pero seguí junto al compañero que había quedado en la separación del grupo.

Al cruzar la línea de los 30 km, sentí que no podía más. Paré de golpe y lloré desconsoladamente. En un gesto de solidaridad impresionante, mi compañero señaló: "Comenzamos juntos y terminaremos juntos; caminamos si es necesario". Le pedí que siguiera; después de todo, era el maratón de Nueva York, por Dios. No lo hizo. Físicamente, me creía inhabilitada para continuar, pero recordé entonces que había prometido a mis hijos llevarles esa medalla. Me decidí a continuar: ¿Locura o determinación? No lo sé. Lo cierto es que alcanzamos la meta. Entonces afloró el llanto con toda su intensidad. Era la emoción de haber completado uno de los maratones más difíciles y exigentes por las tantas subidas; era el hecho de saber que uno es mucho más fuerte de lo que cree. Lloré al ver mi medalla, lloré agradecida por la solidaridad del compañero. Lloré de felicidad.

Me propuse hacer cada año varias carreras, pero correr un solo maratón; el entrenamiento es demasiado fuerte. Para 2014, la meta fue el maratón de Chicago y lo hice exitosamente. Esta vez, físicamente no podía estar mejor.

Para 2015 la decisión fue correr nuevamente el maratón de Nueva York. Quería disfrutarlo. La forma en que lo había hecho en la ocasión anterior, ya lo expliqué, había sido extremadamente difícil. Fue esta la primera vez que me tocó correr los 42 km sola, absolutamente sola. Llegué a Staten Island tarde, cuando ya todos mis compañeros habían salido. Me coloqué los audífonos, música nunca me falta para ocasiones como esta. No tenía a nadie con quien hablar ni compartir, nadie que me empujara. Era necesario probarme a mí misma que sí podía.

¡Cómo disfruté esta vez! Se hizo corto el trayecto de 42 km. Me alimentaba y me infundía coraje la música, oír gritar mi nombre, los niños que me extendían sus manos, los adultos que me ofrecían *pretzels*, naranjas, guineos y chocolates. Y yo, durante todo el recorrido, comiendo y bailando al ritmo de la música. ¿Y qué decir del sentimiento que me embargaba cada vez que veía una bandera dominicana? ¡Indescriptible! "Darys campeona", gritaban muchos amigos, exhibiendo pancartas con mi nombre.

Fue una experiencia inolvidable. Atrás había quedado el recuerdo del maratón de 2013, que tanto sacrificio me había costado. Eufórica, fijé inmediatamente mi próxima meta: Volver a correr por las calles de Nueva York. Y repetí el trayecto en noviembre del 2016. En esta ocasión, la experiencia fue agridulce. Pocos días antes del maratón, tuve una caída muy fea en un hotel en San Juan, Puerto Rico, donde tenía una reunión de trabajo. Sentía dolor, pero no le di la mayor importancia. Sin embargo, ese dolor se agravó exponencialmente durante la carrera. Tanto fue así, que al completar el maratón, tenía una gran hinchazón y estuve cojeando por lo menos diez días. Pero también por primera vez Yan Diego, mi hijo mayor, y Andy pudieron ir a verme. Tuvieron la oportunidad de infundirme ánimo a la altura del kilómetro 35, cuando yo pensaba que ya no soportaba más dolor, para luego esperarme en la meta final.

Y finalmente, en septiembre de 2017 corrí en el maratón de Berlín.

He mencionado solo los grandes maratones, pero cabe señalar que las horas de entrenamiento son muchas y agotadoras. Se imponen la disciplina y la constancia. ¿Mis próximas metas? Los siguientes maratones: Londres 2018, Boston 2019, y Tokyo 2020. Completaría así los seis grandes maratones y mantendría viva esta pasión. También me he trazado la meta de hacer un triatlón. Para eso tendré que trabajar muy duro.

Hay un beneficio invaluable que me ha dado el correr, y lo quiero destacar: Son las amistades que se van forjando en el asfalto. En mi caso, esas amistades no solo se mantienen, se fortalecen. Y en cuanto a la satisfacción que se siente al llegar a la meta, eso es indescriptible. No he vuelto a llorar, pero la alegría es siempre la misma.

Correr, más que un deporte, se ha convertido en mi pasatiempo favorito. Me brinda la oportunidad de desconectarme del mundo, experimentar momentos a solas, en paz conmigo misma; me da mayor capacidad para agradecer cada mañana por tantas bendiciones. Apreciar (por ejemplo) la salida del sol, el canto de las aves, el olor de las plantas frescas, es una conexión conmigo misma y con el creador. Es inmensa la satisfacción que se siente cada mañana, terminados los ejercicios, y llegar a la meta hace a uno consciente de cuánto se puede lograr cuando uno se fija una meta y trabaja para alcanzarla. Aprendes que eres más fuerte de lo que crees; sabes que tienes una mente poderosa, más poderosa aún que tu capacidad física. Te sientes capaz de conquistar el mundo.

Mientras corro y escucho el canto de los pajaritos y disfruto de los árboles y las flores, de los animales que encuentro a mi paso, también oro, resuelvo problemas, sonrío y agradezco a Dios por las tantas bendiciones. Al llegar a mi oficina, me siento cargada de energías, dispuesta a conquistar el día. Atrévete a encontrar tu pasión, eso que te hace feliz.

Mi primer maratón,
New York, noviembre
de 2013. Cuánta alegría
y satisfacción.

Mi segundo maratón, Chicago, octubre de 2014. Cuánto lo disfruté.

De vuelta a correr el maratón de New York, noviembre de 2015. Nada se compara con esa energía que la gente te brinda.

Fue como si haberlo corrido dos veces no resultara suficiente; de vuelta a correr por tercera vez el maratón de Nueva York, noviembre de 2016.
Adrenalina pura.

Tras terminar el maratón
de Berlín, septiembre de 2017.
Bellísima experiencia.

Me encanta correr en cada ciudad que visito. Arriba, en Buenos Aires, marzo de 2017; abajo, en La Habana, Cuba, abril de 2017.

CAPÍTULO X

Lecciones aprendidas: Mis 12 mandamientos

Resumo y comparto algunos mensajes que se me han hecho muy claros a lo largo de mi vida. Son, digámoslo así, mis doce mandamientos personales:

1. El éxito es diferente para cada quien. No permitas que nadie lo defina por ti. Muchos miden su éxito por el título alcanzado y por los bienes acumulados. Para otros, en cambio, resulta más importante tener una mayor libertad o flexibilidad, y dedicar más tiempo a la familia. Para ti, ¿qué es el éxito? Encuentra tu propia definición y vive de acuerdo con tus convicciones. En esto el criterio de los demás no cuenta. Y no te olvides de una cosa: No se trata de llegar a la cima, sino más bien de disfrutar y aprender durante el viaje.

2. Atrévete, arriésgate. Confía en ti mismo. Entonces puedes esperar que los demás confíen en ti. No permitas nunca que el miedo te paralice, véncelo. Sigue tus instintos. Si tienes algo que decir, no te niegues el derecho de externarlo. Si sabes dónde quieres ir, no des a nadie el poder para cerrarte el camino. Aprovecha cada oportunidad. Ten coraje. Trabaja fuerte y con entusiasmo. Nada

que realmente valga la pena se logra con facilidad, requiere sacrificios, a veces sacrificios enormes. Persigue tus sueños. No escuches a quienes se empeñan en decirte que no puedes, a quienes hablan de un imposible. Piensa en grande. Eres capaz de hacer cuanto te propongas. Que tu lema sea siempre "yo sí puedo". No importa de dónde vienes. Lo que sí importa es hacia dónde vas. Que nadie determine tu destino; no lo permitas. Arriésgate. Y no me refiero a riesgos tontos, no. Sé estratégico al respecto pero, insisto, arriésgate. Nunca sabrás de lo que eres capaz si no lo intentas. Los cambios al principio pueden ser muy difíciles, caóticos a veces, pero créeme, valen la pena por los resultados finales. Toma las riendas de tu propia vida, sé tú el artífice de tu destino. Lo que hagas o dejes de hacer tendrá su impacto. El no hacer nada, recuérdalo, tiene consecuencias reales, así que no te dejes paralizar por el miedo, no permitas en ti un estado de inacción. Estarías entonces a merced y a la discreción de los demás. Tú, y solo tú, estás a cargo de ti, llevas el timón y decides hacia dónde vas. Entonces ponte al mando, arriésgate, atrévete. Vive bajo tus propios términos.

3. No le temas al fracaso. El fracaso es también parte del éxito. En el camino siempre aparecerán obstáculos. No importa cuántas veces uno se caiga, siempre que se tenga la fuerza, el coraje y la voluntad para levantarse. No es precisamente con el éxito que aprendemos; es más bien con el fracaso. Con este ves muchas condiciones y aptitudes tuyas que ni imaginabas quizás que poseías;

te hace más fuerte y más sabio. Perdónate tus errores, tus faltas, y sigue adelante. Nunca, nunca, jamás te des por vencido. Siempre aparecerá quien te diga que no puedes, que estás hablando de un imposible. En tus manos está demostrarles si tienen razón o no. Elimina de tu vocabulario las palabras *no, imposible, jamás, no puedo*. Todo es cuestión de actitud. Asume entonces la actitud correcta, la positiva, la valiente. Entiende una cosa: Nada que valga la pena llega de manera fácil. Los obstáculos siempre estarán presentes. Como tú reacciones ante ellos, es lo que hará la gran diferencia. Esos obstáculos tienen su razón de ser, se presentan para hacerte más fuerte; te preparan mejor para cada nuevo paso en el camino. Son una verdadera lección. Tendrás que tomar decisiones difíciles. Hazlo sabiendo que no puedes complacer a todo el mundo. Tratar de hacerlo sería un fiasco y la receta perfecta para el fracaso.

4. Debes, es sumamente importante, sentir pasión por lo que haces. Descubre entonces qué te apasiona. Solo así entregarás lo mejor de ti. De lo contrario, fácilmente te darás por vencido. Solo con pasión vas a perseverar en los momentos más difíciles. ¿Te imaginas con la obligación de levantarte cada mañana para ir a un trabajo que no te gusta? No estudies algo solo porque esa es la profesión de tu padre o de tu madre, o porque esa carrera te generará más ingresos. ¿De qué te servirá ganar más dinero si te has de sentir miserable todos los días? Te lo puedo asegurar, si amas lo que haces, serás excelente en ello. Esa

dedicación, paciencia, perseverancia solo se puede tener si amas lo que haces, si sientes pasión por eso. Si no te gusta tu trabajo, busca otro, cámbialo, atrévete a dar el salto, busca lo que te haga feliz.

5. Búscate un(a) mentor(a). Ten a alguien que te promueva, que te empuje, una persona ya experimentada y que te conozca, que sepa de tu trabajo, de tu campo de acción, que confíe en tu potencial. Invita periódicamente a esa persona a un café. Cuéntale de tus proyectos, háblale de tus aspiraciones, dile cuáles son tus planes, hazle saber cómo te visualizas en el futuro, hazlo partícipe de tus sueños. Esa persona seguramente asumirá tu defensa cuando no estés presente y será quien te recomiende sin reservas cuando se presente alguna oportunidad. Esa relación ha de fluir de manera natural.

6. Cuida tu integridad a toda costa; no la pierdas nunca. No vendas tu alma jamás. Construir la integridad toma toda la vida; la puedes perder en un segundo, y recuperarla resulta muchas veces casi imposible. No cometas ese error. Tu nombre y tu palabra deben importarte mucho. Di siempre la verdad, no importa lo que te cueste. Se puede ser muy inteligente, talentosísimo, y está uno siempre expuesto a cometer errores; aprende de ellos. Recuerda una cosa: Nadie está en capacidad de arrebatarte tu integridad. Esto solo tú puedes hacerlo a través de tus acciones. ¿Te equivocaste? Admítelo y pregúntate, ¿qué puedo aprender de eso? ¿Cómo puedo hacerlo mejor la próxima vez? Cuando vayas a hacer

algo, si tienes dudas, mejor no lo hagas. Poder dormir en paz, tener tranquila la conciencia, eso no tiene precio. Hay quienes quieren recompensas inmediatas y sin mucho esfuerzo, "ganárselo fácil", como decimos en buen dominicano. Y para lograr sus objetivos, hacen lo que sea, sin escrúpulo alguno, no importa a quién o a quiénes se lleven por delante. Créeme, no vale la pena.

7. Sé auténtico y mantente humilde. Tus raíces son importantes. Siéntete orgulloso de quien eres. No olvides nunca de dónde viniste, y no te olvides tampoco de aquellos que vienen detrás de ti. Eso te ayudará a tener siempre los pies firmes sobre la tierra. Y, no importa cuántos éxitos hayas alcanzado, los humos no se te subirán a la cabeza. Yo, por ejemplo, soy 100% dominicana. ¿Por qué no admitir que me encanta el arroz con habichuelas, los plátanos fritos? ¿Por qué no admitir que amo la playa, el merengue, la bachata y la salsa? ¿Cuántas veces tuve que enfrentar comentarios tales como "pero tú no pareces dominicana", o "pero tú no hablas como una dominicana"? A lo cual yo respondía con otra pregunta: "¿Qué significa parecer dominicana y hablar como una?" Me pasé muchos años educando a la gente sobre mi dominicanidad. Fuere lo que fueres, te guste lo que te guste, siéntete orgulloso. No trates de encajar en un molde que no te va. Confía en que tu autenticidad es lo mejor para ti. Sé tú mismo en todo momento. Consecuentemente, te sentirás siempre en casa, no importa dónde te encuentres. Recuerda que solo no se llega a ninguna parte. Hay mucha gente que te ayuda en el

camino. Sé agradecido. Honra a los que te dieron la mano y ayuda tú a los que vienen detrás. Si das, recibirás; no lo olvides.

8. A la hora de escoger pareja, elige bien. Hay quienes piensan que lo digo como un chiste. Nada más lejos de la verdad. Este es un consejo que doy muy en serio. Se trata de compartir la vida con esa persona. Elige entonces a alguien que te respete, que te admire, que te valore, que te empuje a dar lo mejor de ti, que no se intimide con tus éxitos; al contrario, que estos lo alegren y lo enorgullezcan. Que ese compañero de ruta sienta que tus triunfos y méritos son también de él, y que esté ahí, siempre a tu lado para apoyarte, darte fuerzas, atraparte cuando caigas, y levantarse juntos para proseguir el camino.

9. Acepta tu vulnerabilidad. Habrá muchos momentos donde te sentirás derrotado, que ya no puedes más, que te duele hasta el alma, que solo quieres llorar, que nada vale la pena. Eso es normal y todo en la vida es pasajero, el tiempo todo lo cura y, cuando pase el problema, te reirás, habrás aprendido de tus errores, de tus debilidades y sencillamente saldrás más fortalecido del proceso. Lo importante es levantarte, sanar esas heridas, porque la única opción es seguir adelante.

10. Quiero referirme ahora a algo que reviste una importancia extraordinaria. Me refiero al equilibrio que exige la vida. Sé bueno, eficiente en tu trabajo. Procura ser un excelente profesional; da siempre lo mejor de ti. Pero hazlo sin olvidar lo que realmente importa en tu vida: Tú. Así que

cuida tu salud, come bien, haz ejercicios, descubre los medios para reducir el estrés, descansa y alimenta también el espíritu. Piensa, además, en tus seres queridos, familiares y amigos. Dales tiempo, hazles saber cuánto significan para ti. Exprésate, diles lo que sientes por ellos antes de que sea demasiado tarde. ¿Qué sentido tendría un "te quiero" ante una tumba? Ten sentido del humor. Date permiso para reír. Trabaja tan duro como puedas, pero diviértete. La vida es frágil y corta. Vívela al máximo.

11. Sé un agente de cambio. Procura que tu vida contribuya eficazmente a hacer este mundo mejor. Lucha por tus ideales. Como decía uno de los líderes que más admiré, Gandhi: "Sé el cambio que tú quieres ver en el mundo". Son muchas las necesidades, hay tanto que hacer. Conviértete en un hacedor. Aporta lo que puedas: Tiempo, accionar, dinero, solo aporta. Conviértete en protagonista, sé parte del cambio. El mundo entonces será mejor.

12. Estamos aquí, en este planeta que nos tocó como morada, y es nuestra obligación ser felices. Descubre qué te hace feliz y no olvides agradecer a Dios por las muchas bendiciones recibidas.

Sin importar dónde estés hoy, a qué altura del camino te encuentras, y cuántas dificultades enfrentas ahora, atrévete. Atrévete a ser el protagonista de tu destino. Sé tú quien tome el timón y guíe a puerto seguro. Hazte responsable por las consecuencias que puedan derivarse de tus acciones. Deja de ser víctima. Arriésgate a ser tú mismo, encuentra tu pasión.

Reflexiono sobre mi trayectoria, pienso en mis errores y en mis logros, en la familia y en los amigos, en mi trabajo, y siento una profunda satisfacción, la satisfacción que proporciona el deber cumplido. Ver a mis hijos felices, cada uno alcanzando sus sueños, identificándose con sus raíces, sintiéndose dominicanos, libres de elegir su propio camino, me llena de orgullo. Mientras escribo estas líneas, mi hijo menor, de doce años, me abraza por detrás, al tiempo que me dice: "Te amo, mami", y me doy cuenta, ante ese gesto de ternura, que todo, absolutamente todo ha valido la pena.

Lo más importante es lo que me queda por vivir. La aventura apenas comienza. Espero con este libro haber compartido lo suficiente para que tú también decidas y te digas: ¡Atrévete!

Arriba, paseando por
las calles de Tokyo,
Japón, octubre
de 2016; debajo,
celebrando mis 48
años junto a mi
amiga Tania Báez.

Cuánto se gozó en esa fiesta de mis 48 años.
Aquí compartiendo con mi amiga Alicia Ortega.

Visitando las Cataratas de Iguazú, Brasil, marzo de 2017.

En mi actual faceta de conferencista, aquí como charlista magistral en una conferencia de los fondos de pensiones en Curazao, septiembre de 2017.

De hierro, sí, pero...

He empleado mucho tiempo pensando cómo debe ser el final de este libro. En tanto toda comunicación con los demás es primero una comunicación con uno mismo, me decidí a hacerme tres preguntas en busca de claridad:

¿Qué querría escribir en ese final?

Que me dicen La Thatcher por aquello de La Mujer de Hierro, y lo hacen por prejuicio. Soy una persona de carácter fuerte, que toma decisiones difíciles con facilidad porque me queda claro que mi trabajo no es complacer a todo el mundo. Me he desenvuelto en un mundo dominado por hombres, me siento a diario en juntas directivas con puros hombres y no temo levantar la mano y expresar mi opinión. Las tantas veces que algún hombre me quiere interrumpir, le digo con rapidez: "Un momento, que aún no he terminado". Es cierto, me puedo caer mil veces y vuelvo a levantarme porque tengo una determinación de hierro... Pero ni siquiera me parezco a Margaret Thatcher.

¿Por qué me gustaría escribirlo?

Porque la creencia de que me parezco a la Thatcher está muy, pero muy lejos de la realidad. Todo lo que hasta aquí cuento ocurrió tal y como aparece; sin embargo, creo tener un estilo de liderazgo totalmente opuesto al de la política británica. En mi humilde opinión, ella se convirtió en *un hombre* para ganarse el respeto de su entorno. Quizás sería mejor decir que adoptó un liderazgo muy masculino; no sé si se transformó en el camino o sencillamente fue así siempre. Yo he hecho todo lo contrario, he luchado por mantener mi femineidad, mi autenticidad, mi humildad. Uso vestidos casi siempre porque me gustan. Me visto de rosado y colores chillones porque me hacen sentir viva y, además, es la única forma de resaltar que hay una mujer en el grupo cuando toman una foto. He visto tantas veces el mismo escenario (especialmente en Wall Street): Mujeres que llegan a una posición de alto liderazgo y cambian, se hacen sumamente duras. Creen que esa es la única manera de darse a respetar. No estoy de acuerdo con eso. Soy fuerte, pero justa; firme, pero delicada. Como mujer, creo que tener esa *sensibilidad* es una ventaja. Entiendo las necesidades de mis empleados y me identifico con ellos. Sé que una madre o un padre necesitan llevar a su bebé al pediatra, o que a veces deben cuidar a un padre enfermo. Lo que me importa son los resultados. No lidero metiendo miedo porque el miedo nada tiene que ver con el respeto.

¿Para quién quisiera escribirlo?

Pensé al principio que quería escribirlo para las mujeres, para que entendieran que no están obligadas a cambiar una vez que llegan a una posición de liderazgo, que no tienen que convertirse en *hombres* para que las respeten, que no tienen que ser más duras con las mujeres para probar algo ("si yo la tuve bien difícil, ¿por qué debo ponérsela fácil a las otras?"), que es su deber ayudar a las que vienen detrás. Pero ahora entiendo que también los hombres deben comprendernos: Las mujeres poseemos una manera diferente de liderar (creo que somos más inclusivas, más compasivas y escuchamos más... Claro que estoy generalizando, pero por lo general así es) y que deben respetarlo.

Ahora, cuando leo mis respuestas, me percato de que dicen todo cuanto quería y como debe ser: Clara y sencillamente. Quizás no sea el final soñado para este libro, pero me parece un epílogo tan bueno como otro cualquiera.

El hierro que forjó a la dama,
de Darys Estrella
terminó de ser realizado
por K ediciones
en diciembre de 2017.